Das bietet Ihnen die CD-ROM

Mustervordrucke/Formulare

Auf der CD-ROM finden Sie die wichtigsten Mustervordrucke und Formulare zum Ausfüllen,

- EkSt 2007 Anlage EÜR, Anlageverzeichnis, Anlage abziehbare Schuldzinsen
- USt-Voranmeldung 2007 und 2008, Dauerfristverlängerung 2008

Rechner

- Afa-Rechner
- Einkommensteuerrechner
- Geschäftswagen-Rechner Arbeitnehmer und Unternehmer
- Gewerbesteuerrechner und Schuldzinsenberechnung ab 2008

Übungen mit Lösungen

Überprüfen und vertiefen Sie Ihre neu erworbenen Kenntnisse mit zahlreichen Übungen.

Kontenpläne

Die Kontenpläne SKR 03 und SKR 04 unterstützen Sie bei Ihrer Buchführung.

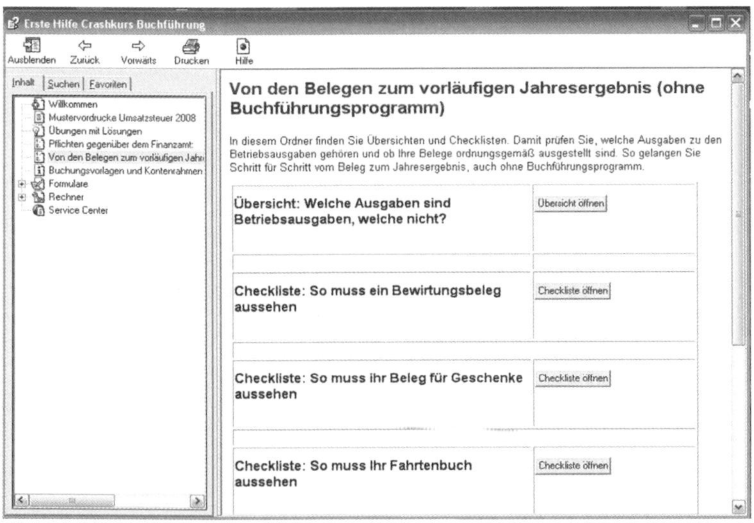

Screenshot der CD-ROM: Unsere Checklisten helfen Ihnen dabei, von den Einzelbelegen zum vorläufigen Jahresergebnis zu gelangen.

Bibliografische Information Der Deutschen Bibliothek

Die Deutsche Bibliothek verzeichnet diese Publikation in der Deutschen Nationalbibliografie; detaillierte bibliografische Daten sind im Internet über http://dnb.ddb.de abrufbar.

ISBN: 978-3-448-08810-6 Bestell-Nr. 01144-0007

Redaktionsanschrift: Postfach 13 63, 82142 Planegg/München
Hausanschrift: Fraunhoferstraße 5, 82152 Planegg/München
Telefon (089) 8 95 17-0, Telefax (089) 8 95 17-2 50
Internet: http://haufe.de, E-Mail: erste-hilfe@haufe.de
Lektorat: Jasmin Jallad

Idee & Konzeption: Dr. Matthias Nöllke, Textbüro Nöllke München
Umschlag- und Buchgestaltung: fuchs-design, 81671 München
Lektorat und DTP: Text+Design Jutta Cram, 86157 Augsburg,
www.textplusdesign.de
Druck: Schätzl Druck, 86609 Donauwörth

Zur Herstellung der Bücher wird nur alterungsbeständiges Papier verwendet.

Iris Thomsen

Crashkurs Buchführung für Selbstständige

Inhalt

Vorwort

Dieser Crashkurs ist aus einer Seminarreihe entstanden, die ich selbst entwickelt und über mehrere Jahre regional in eigener Regie durchgeführt habe.

Mit Freude habe ich zugesehen, wie meine Seminarteilnehmer von Stunde zu Stunde entspannter wurden. Sie erkannten, wie viel sie eigentlich schon wussten und vor allem wie viel sie bereits in der Praxis richtig machten. Nur, nach diesem Seminar fühlten sie sich sicherer. Sie hatten jetzt den Überblick und wussten, worauf es ankommt.

Ich hoffe, auch Sie haben beim Lesen dieses Buches Erfolgserlebnisse und fühlen sich danach sicherer, wenn es um Ihre Zahlen sowie den Umgang mit Steuerberatern und Finanzamt geht. Sich sicherer zu fühlen wird sich dann für Sie auch in Heller und Pfennig auszahlen.

Für meine Leserinnen und Leser habe ich eine Internetseite eingerichtet. Änderungen bzw. Neuerungen zu Themen, die in diesem Buch beschrieben sind, finden Sie unter www.iris-thomsen.de. Sie können auch gerne per E-Mail Fragen stellen oder ein Feedback geben.

Iris Thomsen

Leitfaden

Was Ihnen dieses Buch bietet

Mit diesem Crashkurs in Buchform lernen Sie die Grundlagen im Bereich Buchführung und Jahresabschluss kennen, ohne dass Sie Vorkenntnisse benötigen. Schwieriges wird einfach erklärt und Einfaches einfach gelassen – eine Kunst, die nicht sehr verbreitet ist. Ganz schnell haben Sie den Überblick über die Buchführungspraxis und wissen, worauf es ankommt. Nach dem Durcharbeiten dieses Werks entscheiden Sie fundiert, welche Arbeiten der Buchführung Sie in Zukunft selbst übernehmen und welche Sie ganz gezielt nach außen geben werden.

Auf jeden Fall können Sie beim nächsten Steuerberatertermin besser mitreden. Sie geben Ihrem Steuerberater die Informationen, die er für eine optimale Beratung benötigt.

Vier Stationen

Sie, die Leser und Nutzer, durchlaufen in diesem Buch vier Stationen. Stationen, die Sie direkt an Ihrem Arbeitsplatz und bei Ihren wichtigsten Fragen abholen.

- Wie gehe ich überhaupt mit den Finanzbehörden um, was sind meine Pflichten und was sind meine Rechte?
- Wie komme ich überhaupt von meinem Belegewust im Schuhkarton (falls die bei Ihnen schon topp geordnet sind: Kompliment, Sie sind die Ausnahme!) zum Jahresergebnis?
- Welche gesetzlichen Regelungen muss ich bei der Gewinnermittlung beachten?
- Kann ich mir die Arbeit mit einem Buchführungsprogramm leichter machen?

Die einzelnen Schritte dieses Kurses bauen aufeinander auf, der Kurs hat nichts mit einem Nachschlagewerk zu tun. Später können Sie gerne einzelne Punkte noch einmal nachlesen. Auf der CD-ROM finden Sie Übungen, um das Gelernte zu vertiefen, sowie einige Arbeitshilfen.

Nun geht's los: Viel Erfolg mit Ihrem Crashkurs Buchführung für Selbstständige!

Pflichten gegenüber dem Finanzamt

Einkommensteuer und Umsatzsteuer

Als Unternehmer/-in hat man plötzlich mehr Pflichten gegenüber den Finanzbehörden als eine Privatperson. Das Finanzamt sieht Ihr Unternehmen wie einen neuen zusätzlichen Steuerzahler. Es hat jetzt sozusagen zwei Zahlungspflichtige.

Unternehmen als „Steuerzahler"

- Sie, die Privatperson und
- Ihr Unternehmen

Privatpersonen müssen am Jahresende in der Einkommensteuererklärung angeben, was sie verdient haben und zahlen dafür Einkommensteuer. Jedes Unternehmen muss am Jahresende zunächst den Gewinn ermitteln. Und wer welche Steuern zahlt, ist abhängig von der Unternehmensform.

Steuer abhängig von Unternehmensform

Einzelfirma

Ist Ihr Unternehmen eine Einzelfirma zählt der Gewinn Ihres Unternehmens zum Verdienst, den Sie in der Einkommensteuererklärung angeben.

Einkommensteuer

Personengesellschaft (GbR, OHG, KG)

Sind an Ihrem Unternehmen mehrere Personen beteiligt, ist es also eine Personengesellschaft, zählt Ihr Gewinnanteil zum Verdienst, den Sie in der Einkommensteuererklärung angeben.

Einkommensteuer

Kapitalgesellschaft (GmbH, AG, Ltd.)

Körperschaftsteuer

Ist Ihr Unternehmen eine Kapitalgesellschaft gibt das Unternehmen zunächst eine eigene Steuererklärung ab und zahlt für Gewinne Körperschaftsteuer. In diesem Fall sind Sie für das Finanzamt lediglich ein Beteiligter des Unternehmens. Und obwohl Sie das Unternehmen führen und mitarbeiten, sind Sie für das Finanzamt kein Unternehmer, sondern ein Arbeitnehmer. Als Arbeitnehmer erhalten Sie Gehalt, als Beteiligter erhalten Sie Gewinnausschüttungen oder Dividenden. Das sind die Einkünfte, die Sie in der Einkommensteuererklärung angeben.

Mehr zu den Unterschieden von Personenfirmen und Kapitalgesellschaften erfahren Sie später in den Kapiteln „Steuern, Personalkosten, Werbekosten" ab S. 123 und „Wahl der Gewinnermittlungsart" ab S. 141.

In den folgenden Beispielen wird zunächst von einer Einzelfirma bzw. Personengesellschaft ausgegangen und immer dann, wenn bei Kapitalgesellschaften Besonderheiten zu beachten sind, wird darauf hingewiesen. Ich zeige Ihnen nun, was das Finanzamt über alle Unternehmen wissen möchte.

Gewinne machen, das ist Ihr langfristiges Ziel. Dazu brauchen Sie **Kunden**, die Ihre Produkte kaufen. Bevor Sie Geld für die verkauften

Produkte bekommen, haben Sie erst einmal Kosten, da Sie z. B. Material bei **Lieferanten** einkaufen.

Kasse

Alle Ausgaben, wie etwa eine Zahlung an Ihre Lieferanten, und Einnahmen, etwa eine Zahlung von Kunden, fließen durch die Kasse oder werden auf den Bankkonten Ihres Unternehmens verbucht. Zur besseren Übersicht verfügt Ihr Unternehmen in den folgenden Beispielen nur über eine **Kasse**.

Buchhaltung

Ein Bereich Ihres Unternehmens ist die Buchhaltung. Hier werden alle Belege bzw. Rechnungen sortiert und aufgelistet. Wenn Ihr Unternehmen noch kleiner ist, übernimmt diese Funktion häufig auch der von Ihnen mit Belegen bestückte Schuhkarton. Die **Buchhaltung** (oder Sie oder Ihr Steuerberater) ermittelt Ihren **Gewinn/Verlust** für das Finanzamt.

Finanzamt

Für das Finanzamt? Ja, es möchte jedes Jahr wissen, wie es um Ihr Unternehmen steht. Das Finanzamt ist von Vater Staat ermächtigt, Steuern einzutreiben. Dies geschieht oft unerbittlich und mit Nachdruck, was Sie vielleicht schon am eigenen Leib erfahren haben. Wenn Sie selbstständig sind, haben Sie es in der Regel mit **zwei Abteilungen des Finanzamts** zu tun:

- eine zuständig für die Steuern vom Gewinn (s. Abb. 2. Stock)
- eine zuständig für Mehrwertsteuer/Umsatzsteuer (s. Abb. 5. Stock)

1. Finanzamt ➨ Steuern vom Gewinn

Einkommen-, Körperschaft- und Gewerbesteuer

In der Steuerabteilung wird die Steuer für den Gewinn des Unternehmens festgesetzt. Personenfirmen zahlen Einkommensteuer. Kapitalgesellschaften (GmbH, AG, Ltd.) zahlen zunächst Körperschaftsteuer, wobei die Beteiligten für alles, was sie von der Kapitalgesellschaft erhalten (Gehalt, Gewinnausschüttung), Einkommensteuer bezahlen. Viele Unternehmen müssen zusätzlich für ihren Gewinn Gewerbesteuer abführen. In diesem Fall meldet diese Abteilung des Finanzamts die Höhe Ihres Gewinns an die Gemeinde, die dann die Gewerbesteuer verlangt.

2. Finanzamt ➨ Mehrwertsteuer bzw. Umsatzsteuer

Unternehmen, die ihren Kunden Umsatzsteuer in Rechnung stellen, müssen Sie in regelmäßigen Abständen mit dem Finanzamt abrechnen (**monatlich**, **vierteljährlich** oder **jährlich**). Umsatzsteuer

Umsatzsteuer abführen (Teil 1 – Rechnungen)

Es gibt zwei Pflichten, die Sie als Unternehmer/-in bzw. das Unternehmen gegenüber den Finanzbehörden haben:

- Umsatzsteuer abführen
- Gewinn ermitteln (für die Steuern vom Gewinn)

Zunächst zum Thema „Umsatzsteuer abführen". Was heißt das genau?

Umsatzsteuer in Rechnung stellen

Sicher sind Ihnen die Begriffe **Mehrwertsteuer**, **Umsatzsteuer** und **Vorsteuer** schon begegnet. Hier wird nicht Ihr Verdienst besteuert, sondern der Verkauf von Waren und Dienstleistungen (sofern diese nicht von der Mehrwertsteuer befreit sind). Verkaufen Sie Ihrem Kunden Waren, müssen Sie ihm zusätzlich zum Warenwert die Mehrwertsteuer (MwSt.) in Rechnung stellen. Eine Rechnung muss folgende Inhalte haben:

So muss eine Rechnung aussehen

Daran sollten Sie denken	Notizen
Vollständiger Name und vollständige Anschrift des Rechnungsausstellers	
Vollständiger Name und vollständige Anschrift des Rechnungsempfängers	
Steuernummer oder Umsatzsteuer-Identifikationsnummer	
Ausstellungsdatum der Rechnung	
Fortlaufende Rechnungsnummer	
Menge und Artikelbezeichnung bzw. Art der Dienstleistung	
Lieferdatum bzw. Bezug auf Lieferschein oder Leistungszeitraum (Monat)	
Preis der Waren bzw. Dienstleistungen netto, sortiert nach Steuersätzen 7 %, 19 % (16 % bis 2006)	
Umsatzsteuerbetrag pro Steuersatz oder Hinweis auf Steuerbefreiung	
Hinweis auf nachträgliche Rabatte, Skonto, Bonus	

Rechnungen richtig und vollständig ausstellen

Nur wenn die Rechnung richtig und vollständig ausgestellt ist, erstattet das Finanzamt die Vorsteuer! Außerdem muss die Lieferung bzw. Leistung erbracht **oder** die Zahlung erfolgt sein.

So sollte eine Rechnung aussehen!

Firma Soundso

Fa. Soundso
Waldweg 17
34567 Sonstwo
Tel: 0123/45678
Fax: 0123/45679

Fa. Soundso Waldweg 17 34567 Sonstwo

Fa. Lieblingskunde
Industriestr. 1
65432 Anderswo

Datum: 01.03.2008
Rechnungs#: 1234

Pos.	Bezeichnung	Preis in Euro	Menge	Gesamt
1	Betriebswirtschaftliche Beratung	80,00	1	80,00
			Summe	80,00
			19 % MwSt.	15,20
Leistungszeitraum Januar rein netto ohne Abzug bis zum 15.03.			Gesamt	95,20

Bei Rechnungen, deren Gesamtbetrag 150 Euro (bis 2006: 100 Euro) nicht übersteigt, genügen auch die folgenden Angaben:

Inhalte einer Kleinbetragsrechnung

Daran sollten Sie denken	Notizen
Vollständiger Name und vollständige Anschrift des Rechnungsausstellers	
Ausstellungsdatum der Rechnung	
Menge und Artikelbezeichnung bzw. Art der Leistung	
Preis der Waren bzw. Dienstleistungen inkl. Umsatzsteuer, unterteilt nach Steuersätzen 7 %, 19 % (16 % bis 2006)	
Umsatzsteuersatz 7 % oder 19 % oder Hinweis auf Steuerbefreiung	

So sollte eine Kleinbetragsrechnung (Quittung) aussehen!

Quittung 95 ct 20

einschl. 19 % MwSt. 15,20

fünfundneunzig ----------------------

von Computervertrieb Mustermann

für 1 CD-ROM

dankend erhalten von:

Teststraße 2 Hans Mustermann

12345 Musterstadt

Umsatzsteuer an das Finanzamt weiterleiten

Laut dem hier abgebildeten Quittungsbeleg haben Sie Ihrem Kunden 95,20 Euro in Rechnung gestellt. Davon gehören 15,20 Euro MwSt.

dem Finanzamt. Ihr Kunde zahlt sie zwar an Sie, Sie müssen das Geld allerdings an das Finanzamt weiterleiten. Ja, das Unternehmen ist Geldeintreiber für den Staat.

Umgekehrt ist es, wenn Sie Waren einkaufen. Sie zahlen die Mehrwertsteuer zwar an Ihren Lieferanten, erhalten diese aber später vom Finanzamt wieder zurück. **Mehrwertsteuer** bedeutet für Sie also nur Arbeit, denn Sie müssen sie von Ihren Kunden kassieren und an das Finanzamt weiterleiten. Im Gegenzug müssen Sie sie an Ihre Lieferanten bezahlen und vom Finanzamt zurückfordern.

Unterschied Mehrwertsteuer, Umsatzsteuer und Vorsteuer

Mehrwertsteuer und Umsatzsteuer sind Oberbegriffe.

Wenn Sie sich mit dem Finanzbeamten oder Ihrem Steuerberater unterhalten, wird Ihnen auffallen, dass dieser nur die Begriffe Umsatzsteuer und Vorsteuer verwendet.

Umsatzsteuer (USt.): Man spricht von Umsatzsteuer, wenn sie eingenommen wird, z. B. beim Verkauf von Waren an Ihre Kunden.

Vorsteuer: Davon ist die Rede, wenn Sie selbst Umsatzsteuer bezahlt haben, z. B. beim Einkauf von Waren.

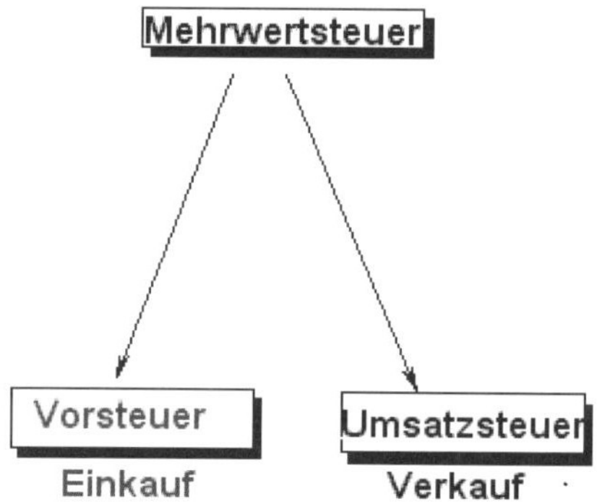

Gehen Sie tanken, ist die gesetzliche Mehrwertsteuer für den Tankwart Umsatzsteuer (er muss sie an das Finanzamt abführen). Für Sie stellt diese Vorsteuer dar (Sie holen sie sich vom Finanzamt wieder).

Komisch, denken Sie jetzt sicher. Was soll das? Ist die Sache mit der Umsatzsteuer/Vorsteuer nur eine Geldschieberei? Nein, vergessen Sie nicht, dass nur Unternehmen, die Umsatzsteuer in Rechnung stellen, auch die **Vorsteuer wieder zurückfordern** können (Ausnahme: Export). Alle anderen zahlen die Vorsteuer und erhalten nichts vom Finanzamt zurück. Die Umsatzsteuer wird also überwiegend von Privatpersonen bezahlt. Wer viel einkauft, zahlt deshalb viel Steuern!

Umsatzsteuer abführen – Vorsteuer abziehen

Vorsicht, fehlerhafte Rechnungen!

Die Umsatzsteuer müssen Sie immer abführen, ob die Rechnung unvollständig oder sogar falsch ist oder Sie das Geld bar erhalten haben (Kiosk, Gastronomie). Beim Vorsteuerabzug ist das Finanzamt sehr streng und es wird besonders auf einwandfreie Rechnungen geachtet.

Wichtig! Findet ein Betriebsprüfer fehlerhafte Rechnungen, können Sie diese zwar problemlos korrigieren lassen, aber der Vorsteuerabzug wird erst zulässig, wenn Ihnen die korrekten Rechnungen vorliegen.

Für die Zeit des unberechtigten Vorsteuerabzugs bis zum Eingang der einwandfreien Rechnung, zahlen Sie Zinsen und zwar 0,5 % pro Monat. Meistens kommt der Betriebsprüfer erst einige Jahre später und Sie können davon ausgehen, dass er sich die Rechnungen genau ansieht.

Achtung, Zinsen!

Eine unvollständige Rechnung und ihre Folgen

Sie bekommen im September 2007 eine unvollständige Rechnung über 2.380,00 Euro inkl. 19 % USt. und ziehen die Vorsteuer ab. Genau drei Jahre später findet der Betriebsprüfer die Rechnung. Sie rufen sofort bei Ihrem Lieferanten an und bitten um eine Rechnungskorrektur, die er Ihnen auch umgehend zuschickt. Sie haben genau 36 Monate zu früh die 380,00 Euro Vorsteuer abgezogen, d. h. Sie zahlen dafür 68,40 Euro (380,00 Euro × 0,5 % = 1,90 Euro × 36 Monate). Das Geld können Sie sparen!

Die richtige Schlussrechnung

Sie haben einen Auftrag angenommen über einen Festpreis von 15.000,00 Euro netto. Sie stellen eine Anzahlung über 10.000,00 Euro netto zuzüglich 1.900,00 Euro USt. (19%). In diesem Fall sollte Ihre Schlussrechnung wie folgt aussehen:

	Nettobetrag	Umsatzsteuer
Gesamtbetrag netto	15.000,00 Euro	2.850,00 Euro
abzüglich Anzahlung netto	– 10.000,00 Euro	-1.900,00 Euro
verbleibender Betrag netto	5.000,00 Euro	
USt. 19 %		950,00 Euro
Rechnungsbetrag	5.950,00 Euro	

Die falsche Schlussrechnung

Im folgenden Beispiel weisen Sie die Umsatzsteuer der Anzahlung doppelt aus. Diese müssen Sie eigentlich an das Finanzamt abführen, wenn es der Prüfer findet.

Gesamtbetrag netto	15.000,00 Euro
Umsatzsteuer 19 %	2.850,00 Euro
Rechnungsbetrag	17.850,00 Euro
abzüglich Anzahlung brutto	– 11.900,00 Euro
verbleibender Rechnungsbetrag	5.950,00 Euro

Mehr zum Thema „Umsatzsteuer“ später (s. S. 47 ff.).

Sie müssen die bezahlte Vorsteuer und eingenommene Umsatzsteuer mit dem Finanzamt abrechnen.

Vorsicht, die Umsatzsteuer gehört Ihnen nicht!

Achtung, denken Sie daran! Die Umsatzsteuer landet zwar zunächst in Ihrer Kasse, sie gehört Ihnen aber nicht.

Sie müssen also immer trennen:

- Was sind Einnahmen/Ausgaben?
- Was ist Umsatzsteuer/Vorsteuer?

Ihr Unternehmen

Jetzt legen wir einfach mal los: Versetzen Sie sich in die Situation eines Existenzgründers (vielleicht sind Sie ja selbst einer): Zunächst brauchen Sie Geld, um Material und Büromöbel zu kaufen. Zum Glück hat der Bank Ihre Geschäftsidee gefallen und Sie erhalten ein **Darlehen** in Höhe von 100.000 Euro. Da kommt Freude auf, es fließen 100.000 Euro in Ihre Kasse!

Materialeinkauf

Sie kaufen von Ihrem Lieferanten Material für 40.000 Euro + 7.600 Euro Umsatzsteuer (USt.). Sie zahlen an ihn 47.600 Euro.

Kassenstand vorher:	100.000 Euro
Zahlung an Lieferanten:	– 47.600 Euro
Kassenstand nachher:	52.400 Euro

Die Vorsteuer von 7.600 Euro können Sie sich vom Finanzamt zurückholen. Ihre tatsächlichen Ausgaben sind 40.000 Euro.

Und nun haben Sie Ihren ersten großen Auftrag!

Warenverkauf

Sie haben das Material zu Produkten verarbeitet und verkauft. Ihr Kunde erhält von Ihnen eine Rechnung über 70.000 Euro + 13.300 Euro USt. Er zahlt insgesamt an Sie 83.300 Euro.

Kassenstand vorher:	52.400 Euro
Zahlung von Kunden:	+ 83.300 Euro
Kassenstand nachher:	135.700 Euro

Die 13.300 Euro Umsatzsteuer gehören allerdings nicht Ihnen, Sie müssen sie an das Finanzamt abführen. Ihre Einnahme beträgt also lediglich 70.000 Euro!

Fassen wir zusammen:

Kassenstand vor Auftrag:	100.000 Euro
Zahlung an Lieferanten:	– 47.600 Euro
Zahlung von Kunden:	+ 83.300 Euro
Kassenstand nach Auftrag	135.700 Euro

In Ihrer Kasse sind jetzt 35.700 Euro mehr als vor dem großen Auftrag.

Was will das Finanzamt von Ihrem Auftrag abhaben?

1. Umsatzsteuer

Erhaltene Umsatzsteuer		13.300 Euro
bezahlte Umsatzsteuer	–	7.600 Euro
Umsatzsteuerschuld		5.700 Euro

Sie haben mehr Umsatzsteuer eingenommen als Vorsteuer gezahlt. Diesen Überschuss von 5.700 Euro müssen Sie demnächst an das Finanzamt überweisen. Es bleiben in Ihrer Kasse dann 130.000 Euro.

Was verlangt das Finanzamt noch von Ihnen?

2. Einkommensteuer für den Gewinn

Betriebseinnahmen	70 000 Euro
Betriebsausgaben	– 40.000 Euro
Gewinn	30.000 Euro

Ich habe mal kurz gerechnet: Bei 30.000 Euro Gewinn zahlen Personenfirmen ca. 5.000 Euro Einkommensteuer inkl. Solidaritätszuschlag und Kirchensteuer. Diese müssen Sie später an das Finanzamt zahlen. In Ihrer Kasse bleiben theoretisch nur 125.000 Euro (130.000 – 5.000) übrig.

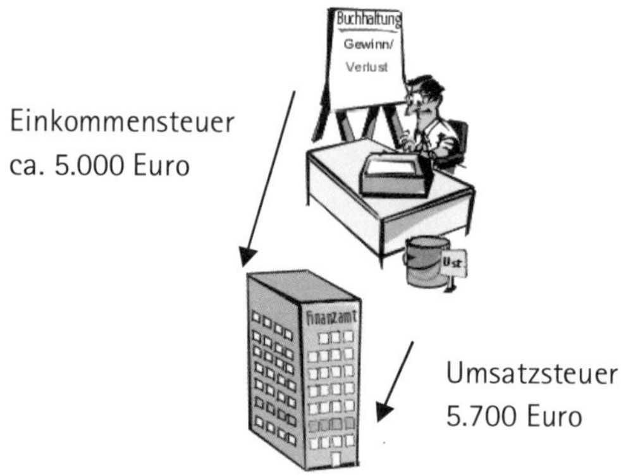

Was heißt theoretisch? Ja, das ist ein Problem. Das Finanzamt kommt nicht sofort, nachdem der Auftrag ausgeführt wurde und das Geld noch in der Kasse ist. Nein, es kommt später! Meistens dann, wenn man sich gar nicht mehr erinnern kann, je so viel Geld in der Kasse gehabt zu haben.

Das Finanzamt wird Steuern fordern!

Denken Sie immer daran, dass das Finanzamt irgendwann Steuern von Ihnen fordern wird. Also legen Sie Geld zurück!

Diese Steuerberechnungen sollen Ihnen lediglich die Zusammenhänge zeigen. In der Praxis werden die Zahlen sicher davon abweichen, da in diese Berechnung ggf. noch andere Einnahmen und Ausgaben sowie Ihre persönlichen Verhältnisse einfließen.

Aber dazu sind sie ja da, die Steuerberater, Fragen Sie, wie viel Steuern in Ihrem Fall zu erwarten sind.

Hinweis zu Kapitalgesellschaften

Arbeitnehmer statt Unternehmer

Eine Steuerberechnung von Kapitalgesellschaften werde ich an dieser Stelle etwas abkürzen. Wie schon erwähnt, ist der mitarbeitende Unternehmer für das Finanzamt ein Arbeitnehmer. Arbeitnehmer erhalten ein Gehalt und Gehaltszahlungen mindern den Gewinn des Unternehmens.

Gewinnermittlung bei Kapitalgesellschaften !

Der erste Auftrag brachte 30.000 Euro Gewinn. Haben Sie nun ein Gehalt in Höhe von 30.000 Euro erhalten, verbleibt kein Gewinn und es fallen für das Unternehmen keine Steuern an. Erst wenn nach Abzug des Gehalts Gewinne verbleiben, muss Geld für Steuern zurückgelegt werden.

Arbeitnehmer erleben in der Regel weniger große Überraschungen in Sachen Steuernachzahlungen, da Gehalt niemals in voller Höhe ausgezahlt wird. Vom Gehalt muss Lohnsteuer einbehalten und an das Finanzamt abgeführt werden. Und Lohnsteuer ist eine Vorauszahlung auf die Einkommensteuer.

Gewinn ermitteln

Aber nun wieder zurück zu den Pflichten, die Unternehmen gegenüber den Finanzbehörden haben:

- Umsatzsteuer abführen
- Gewinn ermitteln (für die Steuern vom Gewinn)

Als Nächstes behandeln wir das Thema „Gewinn ermitteln“. Was heißt das genau?

	Einnahmen	Warenverkauf/Umsatz
./.	Ausgaben	Materialeinkauf/Kosten
=	Gewinn/Verlust	

Was sind Betriebseinnahmen?

Gewinnermittlung

So sieht sie aus, die Gewinnermittlung, die das Finanzamt am Jahresende von Ihnen haben möchte!

Gewinnermittlung

Alle Übersichten zur Gewinnermittlung auf den folgenden Seiten finden Sie auch auf der beigelegten CD-ROM. Dort können Sie sie zur Übung selbst ausfüllen.

Betriebseinnahmen				
				0,00
Betriebsausgaben				
				0,00
Gewinn oder Verlust				0,00

Privates und Geschäftliches trennen

Um den **Gewinn** oder **Verlust** Ihres Unternehmens zu ermitteln, müssen Sie ab sofort private von geschäftlichen Einnahmen bzw. Ausgaben trennen. Für die Ermittlung Ihres Betriebsergebnisses zählen nur Betriebseinnahmen und Betriebsausgaben.

Für Sie ist also sehr wichtig: **Betriebseinnahmen** sind alle Einnahmen, die Ihr Unternehmen erwirtschaftet.

Was sind Betriebsausgaben?

Betriebsausgaben sind alle Ausgaben, die durch Ihr Unternehmen veranlasst werden und der Gewinnerzielung dienen. Allerdings müssen die Ausgaben nach allgemeiner Verkehrsauffassung angemessen sein. So sagt es das Gesetz. Angemessen bedeutet, Ausgaben stehen in einem realistischen Verhältnis zu den Einnahmen. Leider gibt es hier keine näheren Richtlinien. Letztendlich liegt es im Ermessen des Finanzbeamten. Ein gutes Verhältnis zu diesem aufzubauen kann sich also in Heller und Pfennig auszahlen.

Beispiele

Beispiele für Betriebsausgaben sind:

- Material-/Wareneinkauf
- Werkzeuge
- Raumkosten
- Personalkosten
- Fortbildungskosten
- Bewirtungskosten, Geschenke

- Büromaterial
- Reparaturen
- Versicherungen
- Reisekosten
- und viele mehr

Was sind keine Betriebsausgaben?

Keine Betriebsausgaben sind:

- Ausgaben, die die private Lebensführung des Unternehmers betreffen.
- Ausgaben, die zwar durch den Betrieb verursacht wurden, aber als unangemessen anzusehen sind.

Beispiele

Auch hierzu ein kleiner Beispielkatalog:

- private Versicherungen
- Miete Privatwohnung
- Kosten für Privatwagen
- zu hohe Bewirtungskosten
- Geschäftsreisen an Ihren Lieblingsurlaubsort

Was heißt das für Sie konkret: Betriebsausgaben? Keine Betriebsausgaben?

Teures Geschenk an Kunden

Angenommen, Sie schenken Ihrem besten Kunden einen Aktenkoffer für 200 Euro, weil das in Ihrer Branche so üblich ist. Diese 200 Euro wollen Sie selbstverständlich als Betriebsausgabe von der Steuer absetzen. Das Finanzamt hält dies jedoch für unangemessen. Ein Geschenk bis 35 Euro pro Person und Jahr ist o. k. Liegt der Wert des Geschenks darüber, wird es nicht als Betriebsausgabe anerkannt. Noch nicht einmal die 35 Euro mindern Ihren Gewinn. Sie geben also 200 Euro aus und schmälern Ihren Gewinn dadurch nicht.

Achtung! Hier müssen Sie aufpassen: Das Finanzamt erkennt nicht alles an. Und es gibt einige solcher Fälle. Sie geben Geld aus, ohne dass Ihr Gewinn geschmälert wird.

Vielleicht haben Sie das ja schon erlebt. Ihre Kasse ist völlig leer und Ihr Steuerberater spricht von Gewinnen. Sie müssen also wissen, was das Finanzamt akzeptiert und was nicht.

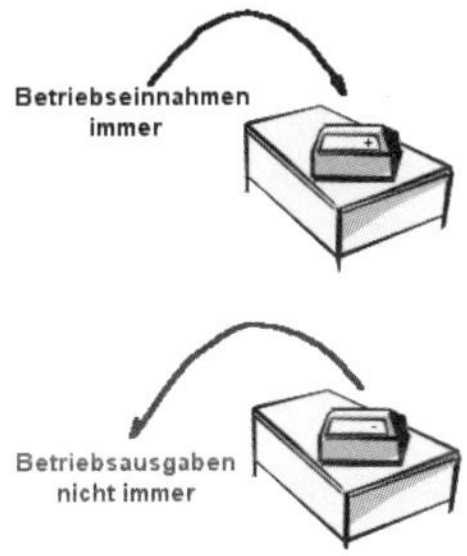

Betriebseinnahmen

Wenn Ihnen mal ein Beleg fehlt oder falsch ausgestellt ist, sieht das Finanzamt „großzügig“ darüber hinweg und erkennt die Einnahme an.

Betriebsausgaben

Nicht alles, was man im Rahmen der betrieblichen Tätigkeit an Ausgaben hat, wird vom Finanzamt als Betriebsausgabe anerkannt.

Nicht alles wird anerkannt

Kennen Sie diese Voraussetzungen, können Sie im Vorfeld

- die Belege richtig ausstellen lassen und
- Ihren Gewinn durch gezielte Ausgaben oder Investitionen steuern.

Vergleich steuerlicher Gewinn und Kassenbestand

Da das Finanzamt nicht alle Ausgaben als Betriebsausgaben anerkennt, ergeben sich zwei Gewinne:

- der steuerliche Gewinn/Verlust und
- der geldmäßige Gewinn (Kassenbestand).

Das Finanzamt interessiert sich vor allem für Ihren steuerlichen Gewinn oder Verlust und nicht für Ihren Kassenbestand.

Vorsicht, nicht alle Ausgaben mindern Ihren Gewinn!

Also merken Sie sich: Nicht alles, was Sie ausgeben, mindert Ihren steuerlichen Gewinn!

Ich möchte Ihnen im folgenden Kapitel zeigen, wie Sie Ihren steuerlichen Gewinn ermitteln können.

Von den Belegen zum vorläufigen Jahresergebnis (ohne Buchführungs-programm)

Ihre Belege

Das Finanzamt möchte wissen, ob Sie Gewinn oder Verlust gemacht haben. Anhand von Belegen müssen Sie nachweisen, wie viel Betriebseinnahmen und -ausgaben Sie hatten.

Vom Beleghaufen zum Jahresergebnis

Aber wie sieht das in der Praxis aus? Die Belege werden nur aufgehoben. Das tägliche Geschäft beansprucht so viel Zeit, sodass die Belegverarbeitung immer hinten ansteht. Angenommen, Ihr erstes Geschäftsjahr ist abgeschlossen und Sie haben alle Belege in einem Karton gesammelt. Jetzt zeige ich Ihnen, wie man aus diesem Beleghaufen ein vorläufiges Jahresergebnis ermittelt.

Belege sortieren

Zunächst trennt man alle Belege nach Einnahmen und Ausgaben. Die Ausgabenbelege werden in verschiedene Kategorien unterteilt, z. B. Materialeinkauf, Kfz-Kosten, Telefon, Miete. Zu Ihrer Orientierung: Wir werden im Beispiel die Kategorien Darlehen, Versicherungen, Geschäftsräume ... behandeln.

Diese Belegstapel werden anschließend nach und nach in ein Tabellenkalkulationsprogramm eingegeben. Das erspart den Griff zum Taschenrechner!

Ausgaben

Monat	Materialeinkauf	Rückz. Darlehen	Vers. Betrieb
Jan	40.000,00	2.208,37	1.375,00
Feb	10.000,00	2.208,33	525,00
Mrz	0,00	2.208,33	525,00
Apr	0,00	2.208,33	525,00
Mai	16.000,00	2.208,33	525,00
Jun	4.000,00	2.208,33	525,00
Jul	6.400,00	2.208,33	1.375,00
Aug	1.000,00	2.208,33	525,00
Sep	3.000,00	2.208,33	525,00
Okt	16.000,00	2.208,33	525,00
Nov	2.700,00	2.208,33	525,00
Dez	8.000,00	2.208,33	525,00
	107.100,00	26.500,00	8.000,00

	Private KV	Miete Betrieb	Miete privat
Jan	250,00	2.000,00	500,00
Feb	250,00	2.000,00	500,00
Mrz	250,00	2.000,00	500,00
Apr	250,00	2.000,00	500,00
Mai	250,00	2.000,00	500,00
Jun	250,00	2.000,00	500,00
Jul	250,00	2.000,00	500,00
Aug	250,00	2.000,00	500,00
Sep	250,00	2.000,00	500,00
Okt	250,00	2.000,00	500,00
Nov	250,00	2.000,00	500,00
Dez	250,00	2.000,00	500,00
	3.000,00	24.000,00	6.000,00

Sehr gut, alle Belege sind in das Tabellenkalkulationsprogramm eingegeben! Aus dieser Übersicht Ihrer Belege erarbeiten wir jetzt Ihre **Gewinn-** oder **Verlustrechnung**.

Darlehen, Versicherungen, Miete, Arbeitszimmer

Kommen wir zurück zu unserem Praxis-Beispiel (siehe S. 23 ff.). Folgendes ist bisher passiert: Die Bank zahlte Ihnen ein Darlehen in Höhe von 100.000 Euro und Sie konnten Ihren ersten Auftrag erfolgreich abwickeln. So sieht Ihre Gewinnermittlung bis jetzt aus:

Rückzahlung Darlehen

Betriebseinnahmen		
	Nettobetrag	
Warenverkauf	70.000,00	
		70.000,00
Betriebsausgaben		
	Nettobetrag	
Wareneinkauf	40.000,00	
		40.000,00
Gewinn		30.000,00

Zur Vereinfachung werden die Umsatzsteuerbeträge zunächst nicht berücksichtigt.

Beispiel ohne USt.

Ihr Gewinn beträgt also 30.000 Euro.

Vorsicht, Steuer

In einem der Beispiele zuvor habe ich Ihnen gezeigt, wie viel Geld das Finanzamt von Ihnen verlangt (ca. 10.700 Euro). Das sollte Ihnen nur zeigen, dass Sie nicht über das gesamte Geld Ihrer Kasse verfügen können. Schließlich kommt irgendwann später das Finanzamt. Bis jetzt hat es sich allerdings noch nicht bei Ihnen gemeldet. Ihr Kassenbestand beträgt 135.700 Euro, wie im Praxis-Beispiel auf S. 23 ff. beschrieben.

Beobachten Sie bitte, wie sich Folgendes verändert:

- Ihr **Kassenbestand** (geldmäßiger Gewinn)
- Ihr **steuerlicher Gewinn/Verlust**

Belegstapel

Also werde ich mir jetzt die folgenden Belegstapel (vgl. S. 34) vornehmen:

- Rückzahlung Darlehen
- Zahlung von Versicherungen
- Mietzahlungen
- Arbeitszimmer in Privatwohnung

Darlehensrückzahlung

Die Bank stellt Ihnen das Darlehen in Höhe von 100.000 Euro für eine gewisse Zeit zur Verfügung und verlangt dafür Zinsen. Sie vereinbaren eine monatliche Rückzahlung. Dieser meist gleich bleibende Betrag besteht aus Zins und Tilgung.

Das versteht man unter „Zinsen" und „Tilgung"

Zinsen:	Leihgebühr für das geliehene Geld **(Betriebsausgabe)**
Tilgung:	Sie zahlen das geliehene Geld zurück **(keine Betriebsausgabe)**

Darlehensrückzahlung

Im ersten Jahr haben Sie 26.500 Euro an die Bank zurückgezahlt (6.500 Euro Zinsen und 20.000 Euro Tilgung). D. h. nur 6.500 Euro Zinsen sind Betriebsausgaben.

Die 20.000 Euro sind Rückzahlung der Schulden und keine Betriebsausgaben.

Gewinnermittlung

Betriebseinnahmen		
	Nettobeträge	
Warenverkauf	70.000,00	
		70.000,00

Betriebsausgaben		
	Nettobeträge	
Wareneinkauf	40.000,00	
Zinsen	6.500,00	
		46.500,00
Gewinn		**23.500,00**

Was passiert mit Ihrem Gewinn?

Gewinn vorher	30.000 Euro
Darlehenszinsen	– 6.500 Euro
Gewinn nachher	23.500 Euro

Was passiert in der Kasse?

Kassenstand vorher	135.700 Euro
Rückzahlung Darlehen	– 26.500 Euro
Kassenstand nachher	109.200 Euro

! Unterschied zwischen geldmäßigem und steuerlichem Gewinn

Hier sehen Sie den Unterschied zwischen geldmäßigem und steuerlichem Gewinn. Ihr Kassenbestand ist wesentlich mehr gesunken als Ihr Gewinn.

Beschränkter Schuldzinsenabzug

Besonderheit bei Personenfirmen: Zinsen für Darlehen, die mit betrieblichen Investitionen zusammenhängen, werden in voller Höhe als Betriebsausgaben anerkannt. Zinsen für die Überziehung des betrieblichen Girokontos werden in jedem Fall bis zu 2.050 Euro anerkannt. Liegen Ihre „sonstigen Zinsen" über diesem Betrag, wird berechnet, ob und in welcher Höhe private Überentnahmen vorlagen. Dafür müssen Sie Ihre Privatentnahmen sowie Privateinlagen aufzeichnen. Es kann also sein, dass nicht alle Zinsen anerkannt werden. Fragen Sie Ihren Steuerberater, ob das auf Ihr Unternehmen zutrifft.

Was ist die Zinsschranke ab 2008?

Die Zinsschranke beschränkt den Schuldzinsenabzug von Konzernen (Personenfirmen und Kapitalgesellschaften). Solange die Schuldzinsen die Freigrenze von 1 Mio. Euro nicht übersteigen, sind diese in voller Höhe als Betriebsausgaben abzugsfähig. Liegen die Schuldzinsen über 1 Mio. Euro, sind sie begrenzt abzugsfähig. Die Zinsen dürfen dann nicht über 30 % vom Gewinn vor Abschreibung und Zinsen liegen. Die übersteigenden Zinsen können in den Folgejahren abgezogen werden, wenn der Gewinn hoch genug ist.

Versicherungen

Wann sind Versicherungen Betriebsausgaben?

Versicherungen für Ihr Unternehmen sind **Betriebsausgaben,** z. B.

- Betriebshaftpflicht,
- Sozialversicherung für Arbeitnehmer,
- Rechtschutzversicherung für den Betrieb oder
- Berufsgenossenschaft (gesetzliche Unfallversicherung) für Arbeitnehmer und Unternehmer.

Private Versicherungen, sind **keine Betriebsausgaben,** z. B.

- Renten- und Lebensversicherung oder
- Krankenversicherung.

Diese **privaten Versicherungen** können Sie später in die Ermittlung Ihrer **Einkommensteuer** einbeziehen.

Versicherungen

Sie zahlen im Jahr folgende Versicherungen:

Krankenversicherung privat	3.000 Euro
Betriebshaftpflicht	+ 1.700 Euro
Sonstige Betriebsversicherung	+ 6.300 Euro
Summe Versicherungen:	11.000 Euro

Die Betriebsversicherungen betragen 8000 Euro. Die private Krankenversicherung in Höhe von 3.000 Euro können Sie am Jahresende in Ihrer Einkommensteuererklärung geltend machen.

Was passiert mit Ihrem Gewinn?

Gewinn vorher	23.500 Euro
Betriebsversicherungen	– 8.000 Euro
Gewinn nachher	15.500 Euro

Rentenversicherungspflicht für Selbstständige

Nicht jeder, der sich selbstständig macht, ist automatisch von der Rentenversicherung befreit. Erkundigen Sie sich rechtzeitig, ob weiterhin Pflichtbeiträge zu leisten sind. Allerdings sind diese Versicherungen keine Betriebsausgaben.

Besonderheiten bei bestimmten Berufsgruppen

- Handwerker, die in die Handwerksrolle eingetragen sind, können sich erst nach 18 Beitragsjahren befreien lassen. Informationen erhalten Sie bei der Handwerkskammer.
- In Deutschland zugelassene Ärzte, ob angestellt oder niedergelassen, versichern sich beim Versorgungswerk für medizinische Berufe, eine bessere Alternative zur deutschen Rentenversicherung, Diese Versorgungswerke gibt es auch für andere Freiberufler. Mehr dazu finden Sie unter www.freie-berufe.de.
- Künstler und Publizisten sind eigentlich versicherungspflichtig, werden es aber erst auf Antrag bei der Künstler-Sozialkasse und erhalten ggf. sogar Beitragszuschüsse. Informieren Sie sich über Ihre Möglichkeiten unter www.kuenstlersozialkasse.de.

Miete Geschäftsräume

Die Miete für Ihren Betrieb ist in voller Höhe eine **Betriebsausgabe.** Die Miete für Ihre Privatwohnung ist **keine Betriebsausgabe.**

Mieten

Von Ihrem Konto gingen monatlich die Mieten und Nebenkosten für die Geschäftsräume sowie für die Privatwohnung ab. Insgesamt waren es im Jahr für den Betrieb 24.000 Euro und für die Privatwohnung 12.000 Euro.

Was passiert mit Ihrem Gewinn oder Verlust?

Gewinn vorher	15.500 Euro
Miete für Geschäftsräume	– 24.000 Euro
Verlust nachher	– 8.500 Euro

Gewinnermittlung		
Betriebseinnahmen		
	Nettobeträge	
Warenverkauf	70.000,00	
		70.000,00
Betriebsausgaben		
	Nettobeträge	
Wareneinkauf	40.000,00	
Zinsen	6.500,00	
Betriebsversicherungen	8.000,00	
Miete	24.000,00	
		78.500,00
Verlust		**-8.500,00**

Was passiert in der Kasse?

Kassenstand vorher	109.200 Euro
Versicherungen gesamt	– 11.000 Euro
Miete gesamt	– 36.000 Euro
Kassenstand nachher	62.200 Euro

Eigentum

Lassen Sie sich beraten, wenn Sie Ihre Geschäftsräume nicht mieten, sondern auf eigenem Grund und Boden haben möchten! Im Fall einer Veräußerung kann dies von Nachteil sein.

Hauskauf: Privatperson vs. Betrieb

Kauft eine Privatperson ein Haus, um es zu vermieten und behält es mindestens zehn Jahre in ihrem Besitz, ist die sogenannte Spekulationsfrist abgelaufen. Nach diesem Zeitraum kann eine Privatperson den Grundbesitz mit Gewinn verkaufen, und der Gewinn bleibt steuerfrei.

Kauft ein Betrieb ein Haus, wird es Betriebsvermögen und bleibt dort so lange, bis es verkauft wird. Egal wann es verkauft wird, der Gewinn aus dem Verkauf ist immer steuerpflichtig.

Arbeitszimmer in Privatwohnung

Strenge Regelungen

Der Staat ist sehr streng, wenn es um die Anerkennung des Arbeitszimmers geht. Ein Arbeitszimmer ist ein Raum, den Sie überwiegend für Büroarbeit nutzen, und der unmittelbar an Ihren Privatbereich angrenzt. Die Kosten für ein Materiallager im Keller Ihres Privatbereichs oder für eine Praxis mit Kundenverkehr werden in voller Höhe anerkannt.

Wann wird ein Arbeitszimmer anerkannt?

Bildet das häusliche Arbeitszimmer den Mittelpunkt Ihrer beruflichen und betrieblichen Tätigkeit, werden die Kosten in voller Höhe anerkannt. Mit Mittelpunkt ist nicht nur die zeitliche Einteilung gemeint, sondern auch die Art der Arbeit. Finden die prägenden Arbeiten im Arbeitszimmer statt, kann es sich auch um den Mittelpunkt handeln.

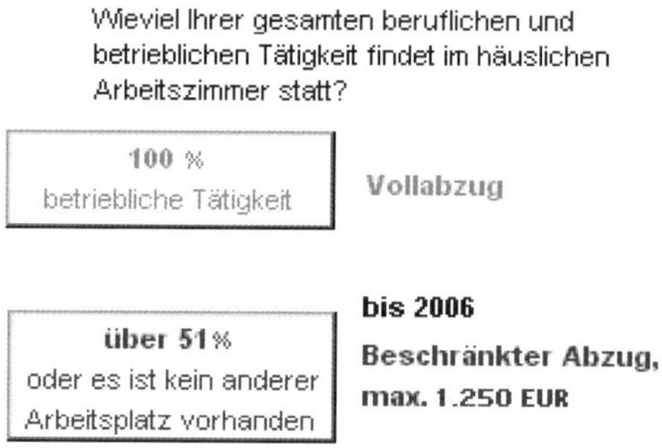

Ab 2007 entfällt der beschränkte Abzug für ein Arbeitszimmer. Es wird nur noch ganz oder gar nicht anerkannt.

Arbeitszimmer für Planungsarbeiten

Angenommen, Sie haben eine Werkhalle gemietet, in der kein Büro vorhanden ist. Ihre Planungsarbeiten und Bürotätigkeiten erledigen Sie ausschließlich im häuslichen Arbeitszimmer, es finden dort also prägende Arbeiten statt. Ihre Wohnung hat eine Wohnfläche von insgesamt 100 m², das Arbeitszimmer hat 15 m² (15 %).

Wohnfläche gesamt	100 m² = 100 %
Arbeitszimmer	15 m² = 15 %

Die Ermittlung der Kosten für das Arbeitszimmer ist unterschiedlich, je nachdem, ob sich das Arbeitszimmer

a) in der Mietwohnung oder

b) in der Eigentumswohnung/im eigenen Haus

befindet.

a) Arbeitszimmer in der Mietwohnung

Sie wohnen in einer Mietwohnung, da sieht die Ermittlung der Kosten für das Arbeitszimmer wie folgt aus: Berechnung

Jahresmiete inkl. Nebenkosten	12.000 Euro
($15\ m^2$ von $100\ m^2$) davon 15 %	= 1.800 Euro

Von den 12.000 Euro, die Sie für Ihre Privatwohnung gezahlt haben, sind in diesem Fall nur 1.800 Euro Betriebsausgaben. Der Rest ist privat und demnach keine Betriebsausgabe.

Was passiert mit Ihrem Gewinn oder Verlust?

Verlust vorher	– 8.500 Euro
Anteil Arbeitszimmer	– 1.800 Euro
Verlust nachher	– 10.300 Euro

Gewinnermittlung

Betriebseinnahmen		
	Nettobeträge	
Warenverkauf	70.000,00	
		70.000,00
Betriebsausgaben		
	Nettobeträge	
Wareneinkauf	40.000,00	
Zinsen	6.500,00	
Betriebsversicherungen	8.000,00	
Miete	24.000,00	
Arbeitszimmer	1.800,00	
		80.300,00
Verlust		**-10.300,00**

b) Arbeitszimmer in der Eigentumswohnung/im eigenen Haus

Ermittlung der Kosten

Hier müssen Sie sich wieder beraten lassen. In diesem Fall wird der Anteil Ihrer Privatwohnung, den Sie für den Betrieb nutzen, notwendiges Betriebsvermögen und Sie haben im Fall einer gewinnbringenden Veräußerung eventuell Nachteile. Die Ermittlung der Kosten für das Arbeitszimmer sieht dann so aus:

Schuldzinsen

+ Nebenkosten

+ Erhaltungsaufwendungen

+ Abschreibung Wohnung/Haus

= Gesamtkosten/Jahr davon 15 %

Einrichtung des Arbeitszimmers

Büromöbel und sonstige Einrichtungsgegenstände Ihres Arbeitszimmers, werden wie das betriebliche Anlagevermögen abgeschrieben.

Was sind Betriebsausgaben?	Was sind keine Betriebsausgaben?
▪ Zinsen	▪ Tilgung
▪ Betriebsversicherungen (für das Unternehmen sowie Mitarbeiter)	▪ Private Versicherungen (für Unternehmer/-in)
▪ Miete für Geschäftsräume	▪ Miete für Privatwohnung/-haus
▪ Arbeitszimmer in Privatwohnung (Mittelpunkt der betrieblichen Tätigkeit)	▪ Arbeitszimmer in Privatwohnung (kein Mittelpunkt der betrieblichen Tätigkeit)

Umsatzsteuer abführen (Teil 2)

Umsatzsteuerpflicht

In welchen Fällen müssen Sie Umsatzsteuer in Rechnung stellen und anschließend an das Finanzamt abführen?

Berechnung plus USt.

- Wenn Sie Lieferungen und Leistungen gegen Entgelt im Rahmen Ihres Unternehmens ausführen.
- Wenn Sie als Unternehmer/-in Waren oder sonstige Leistungen (private Autonutzung/Telefonnutzung) in Anspruch nehmen.

Es sei denn, Sie verkaufen Waren oder bieten Dienstleistungen an, die von der Umsatzsteuer befreit sind.

Umsatzsteuerfreiheit

Welche Lieferungen und Leistungen sind von der Umsatzsteuer befreit? Ein Blick in § 4 Umsatzsteuergesetz (UStG) hilft hier weiter:

Berechnung ohne USt.

- Ausfuhrlieferungen (Export sonstiges Ausland)
- Innergemeinschaftliche Lieferung (Export EU-Ausland)
- Gewährung von Krediten/Wertpapiergeschäfte
- Zahlungs- und Überweisungsverkehr
- Vermietung von Grundstücken/Gebäuden
- Krankenhäuser, Ärzte, Zahnärzte (ohne Zahntechnik)

- Heilpraktiker und ähnliche Berufe
- Deutsche Post AG
- Staatlich anerkannte Schulen und Bildungsträger

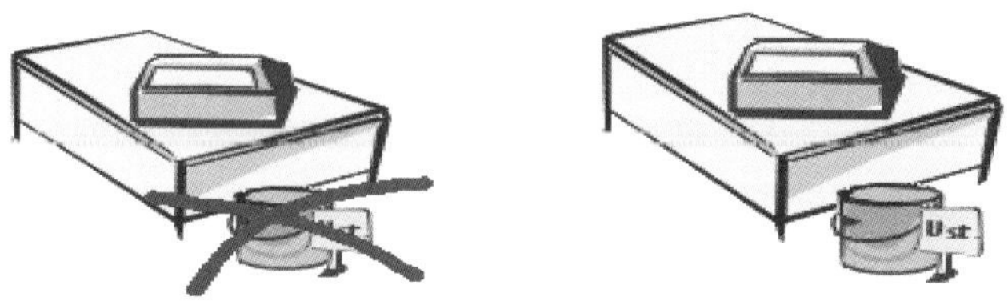

Umsatzsteuer und Vorsteuer hängen meistens zusammen

Nur wer Umsatzsteuer in Rechnung stellt und an das Finanzamt weiterleitet, erhält auch die gezahlte Vorsteuer zurück. Ausnahme: Ausfuhrlieferungen (Export)

Vorsteuerabzug trotzdem möglich

In bestimmten Fällen ist die Warenlieferung ins Ausland oder die Dienstleistung im Ausland oder für das Ausland in Deutschland umsatzsteuerfrei und dafür im Ausland umsatzsteuerpflichtig. In diesem Fall stellt man dem ausländischen Kunden nur den Nettobetrag ohne Umsatzsteuer in Rechnung und der Kunde zahlt die Umsatzsteuer in seinem Land. Trotzdem erhalten Sie die gezahlte Vorsteuer aus Rechnungen, die mit diesem Auftrag zusammenhängen, vom Finanzamt zurück (z. B. beim Kauf von Material im Inland).

Beispiele mit Umsatzsteuer

Wichtig! In den folgenden Beispielen wird davon ausgegangen, dass Sie umsatzsteuerpflichtige Umsätze im Inland haben. Die Erlöse enthalten Umsatzsteuer, die Sie an das Finanzamt abführen müssen und die in den Kosten enthaltene Vorsteuer erhalten Sie vom Finanzamt wieder.

Sind Ihre Umsätze von der Umsatzsteuer befreit (Ausnahme: Export), haben Sie weder mit der Umsatzsteuer noch mit der Vorsteuer etwas zu tun. Sie haben also viel weniger Arbeit. Ihre Erlöse enthalten keine Umsatzsteuer und gehen in voller Höhe in die Gewinnermittlung ein. Die in den Kosten enthaltene Vorsteuer müssen Sie nicht herausrechnen, sondern der gesamte Rechnungsbetrag zählt zu den Betriebsausgaben.

Umsatzsteuersätze

Umsatzsteuersätze	
Normaler Steuersatz: z. B. Warenverkauf, Dienstleistung	19 % (16 % bis 2006)
Ermäßigter Steuersatz: z. B. für Lebensmittel (außer Getränke), Pflanzen, Bücher, Zeitschriften, soweit sie der Bildung dienen, Waren des Kunstgewerbes, Taxi/Bahn innerhalb einer Gemeinde oder unter 50 km (§ 12 UStG Anlage).	7 %
Differenzsteuersatz:	10,7 % (9 % bis 2006)

Wichtig: Nebenleistungen sind mit dem gleichen Steuersatz zu berechnen wie die Hauptleistungen. Was heißt das?

Verkauf eines Computers plus Nebenkosten

Verkaufen Sie einen PC zuzüglich Facht, Porto oder Mautgebühren, müssen Sie den Computer und die Versandkosten mit 19 % USt. berechnen. Unabhängig davon, ob in den Versandkosten Vorsteuer enthalten war oder nicht.

16 % oder 19 % USt.?

Zum 1.1.2007 wurde der normale Steuersatz von 16 % auf 19 % erhöht. Alle Waren, die ab diesem Tag ausgeliefert werden, sind mit dem neuen Steuersatz zu berechnen. Bei Dienstleistungen bestimmt der Fertigstellungstermin den Steuersatz, alle Aufträge, die bis zum 31.12.2006 nicht fertiggestellt sind, müssen Sie mit 19 % Umsatzsteuer berechnen. Für Aufträge, die im Jahr 2006 begonnen und erst im Jahr 2007 beendet wurden, gilt der Steuersatz von 19 %. Haben Sie für diesen Auftrag bereits Anzahlungen inkl. 16 % USt. erhalten, müssen Sie in der Schlussrechnung die fehlenden 3 % nachberechnen.

Umsatzsteuerabrechnung

Sie verkaufen Waren im Inland, also sind Sie verpflichtet, zusätzlich zum Nettoverkaufspreis die Umsatzsteuer in Rechnung zu stellen. Sie müssen also die eingenommene Umsatzsteuer und die gezahlte Vorsteuer mit dem **Finanzamt** abrechnen. Diese Abrechnung macht die Buchhaltung Ihres Unternehmens (vielleicht Ihr Steuerberater).

Materialeinkauf

Zusätzlich zu Ihrem ersten großen Auftrag haben Sie weitere Materialeinkäufe in Höhe von 50.000 Euro + 9.500 Euro USt. (19 %) getätigt. Ihr Lieferant stellt Ihnen den Warenwert und die USt. in Rechnung. Sie zahlen an ihn 59.500 Euro.

Folgendes notiert die Buchhaltung:

Betriebsausgaben	50.000 Euro
Vorsteuer	9.500 Euro

Warenverkauf

Ihre Kunden waren mit Ihren Leistungen zufrieden. Nach Ihrem ersten Auftrag haben Sie noch weitere Waren im Wert von 130.000 Euro + 24.700 Euro USt. (19 %) verkauft. Sie stellen Ihrem Kunden den Warenwert und die Umsatzsteuer in Rechnung. Die Kunden zahlen an Sie einen Betrag von 154.700 Euro.

Folgendes notiert die Buchhaltung:

Betriebseinnahmen	130.000 Euro
Umsatzsteuer	24.700 Euro

eingenommene Umsatzsteuer	24.700 Euro
gezahlte Vorsteuer	– 9.500 Euro
Umsatzsteuer-Zahllast	15.200 Euro

Umsatzsteuer-Voranmeldung

Es wird also im Unternehmen abgerechnet und nur der Differenzbetrag an das Finanzamt gezahlt. Diese Abrechnung erfolgt auf einem Formular vom Finanzamt, der „Umsatzsteuer-Voranmeldung“.

Online-Übermittlung vorgeschrieben

Seit 2005 ist die elektronische Übermittlung der Umsatzsteuer-Voranmeldung vorgeschrieben. Im Internet erhalten Sie unter www.elster.de die kostenlose Software für die Online-Übermittlung. Buchführungsprogramme sind mit dieser Funktion ausgestattet. Vor der ersten Übermittlung müssen Sie die Teilnahmeerklärung ausfüllen, unterschreiben und an das Finanzamt faxen oder schicken. Danach werden alle Daten nur noch online übermittelt.

Schauen wir uns das doch mal an ...

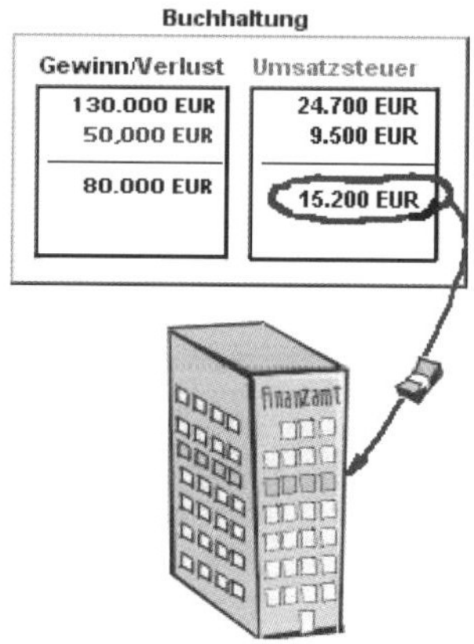

Umsatzsteuer-Voranmeldung

Abgabefrist

Grundsätzlich ist man als Unternehmer/-in verpflichtet, binnen zehn Tagen nach Ablauf des Kalendermonats oder des Quartals eine Umsatzsteuer-Voranmeldung abzugeben. Gleichzeitig wird die **Zahllast** oder **Erstattung** fällig.

- **Abgabe monatlich:** Existenzgründer müssen monatlich mit dem Finanzamt abrechnen ebenso wie alle anderen Unternehmen ab einem jährlichen Umsatzsteuerbetrag von 6.136 Euro.
- **Abgabe vierteljährlich:** Wenn der jährliche Umsatzsteuerbetrag unter 6.136 Euro liegt.
- **Keine Abgabe, nur jährliche Umsatzsteuererklärung:** Wenn der jährliche Umsatzsteuerbetrag unter 512 Euro liegt. In diesem Fall geben Sie im Mai des Folgejahres die Umsatzsteuererklärung (Jahresabrechnung) ab. Die Zahllast ist spätestens vier Wochen nach Abgabe des Formulars unaufgefordert zu begleichen.

So füllen Sie das Formular aus

Auf der ersten Seite des Formulars (Zeile 27 bis 30) tragen Sie Ihre Nettoeinnahmen von 130.000 Euro und die Umsatzsteuer von 24.700 Euro ein.

Auf der Rückseite des Formulars (Zeile 54) tragen Sie die Vorsteuer von 9.500 Euro ein. Unten (Zeilen 62 bis 67) wird die Umsatzsteuer mit der Vorsteuer saldiert, sodass nur noch der Differenzbetrag fällig wird. In Ihrem Fall 15.200 Euro.

Das war es schon, mehr muss gar nicht ausgefüllt werden. Die anderen Zeilen sind nur bei Auslandsgeschäften oder bei Bauleistungen auszufüllen.

Umsatzsteuerformulare

Die Umsatzsteuerformulare, die auf den folgenden Seiten abgebildet sind, finden Sie auch auf der beigelegten CD-ROM.

- Bitte weiße Felder ausfüllen oder ☒ ankreuzen, Anleitung beachten -

Fallart	Steuernummer	Unterfallart
11		56

30 Eingangsstempel oder -datum

Umsatzsteuer-Voranmeldung

Finanzamt

Unternehmer – ggf. abweichende Firmenbezeichnung – Anschrift – Telefon – E-Mail-Adresse

Voranmeldungszeitraum

bei **monatlicher** Abgabe bitte ankreuzen

07 01	Jan.		07 07	Juli	
07 02	Feb.		07 08	Aug.	
07 03	März		07 09	Sept.	
07 04	April		07 10	Okt.	
07 05	Mai		07 11	Nov.	
07 06	Juni		07 12	Dez.	

bei **vierteljährlicher** Abgabe bitte ankreuzen

07 41	I. Kalendervierteljahr	
07 42	II. Kalendervierteljahr	
07 43	III. Kalendervierteljahr	
07 44	IV. Kalendervierteljahr	

Berichtigte Anmeldung (falls ja, bitte eine „1" eintragen) **10**

Belege (Verträge, Rechnungen, Erläuterungen usw.) sind beigefügt bzw. werden gesondert eingereicht (falls ja, bitte eine „1" eintragen) **22**

I. Anmeldung der Umsatzsteuer-Vorauszahlung

Zeile		Kz	Bemessungsgrundlage ohne Umsatzsteuer volle EUR	Kz	Steuer EUR	Ct
19	**Lieferungen und sonstige Leistungen** (einschließlich unentgeltlicher Wertabgaben)					
20	**Steuerfreie Umsätze mit Vorsteuerabzug**					
21	**Innergemeinschaftliche Lieferungen** (§ 4 Nr. 1 Buchst. b UStG) an Abnehmer **mit** USt-IdNr.	41				
22	neuer Fahrzeuge an Abnehmer **ohne** USt-IdNr.	44				
23	neuer Fahrzeuge außerhalb eines Unternehmens (§ 2a UStG)	49				
24	**Weitere steuerfreie Umsätze mit Vorsteuerabzug** (z.B. **Ausfuhrlieferungen**, Umsätze nach § 4 Nr. 2 bis 7 UStG)	43				
25	**Steuerfreie Umsätze ohne Vorsteuerabzug** Umsätze nach § 4 Nr. 8 bis 28 UStG	48				
26	**Steuerpflichtige Umsätze**					
27	(Lieferungen und sonstige Leistungen einschl. unentgeltlicher Wertabgaben) zum Steuersatz von 19 %	81	130.000		24.700	00
28	zum Steuersatz von 7 %	86				
29	Umsätze, die anderen Steuersätzen unterliegen	35		36		
30	**Umsätze land- und forstwirtschaftlicher Betriebe nach § 24 UStG**					
31	Lieferungen in das übrige Gemeinschaftsgebiet an Abnehmer **mit** USt-IdNr.	77				
32	Umsätze, für die eine Steuer nach § 24 UStG zu entrichten ist (Sägewerkserzeugnisse, Getränke und alkohol. Flüssigkeiten, z.B. Wein)	76		80		
33	**Innergemeinschaftliche Erwerbe**					
34	**Steuerfreie innergemeinschaftliche Erwerbe** Erwerbe nach § 4b UStG	91				
35	**Steuerpflichtige innergemeinschaftliche Erwerbe** zum Steuersatz von 19 %	89				
36	zum Steuersatz von 7 %	93				
37	zu anderen Steuersätzen	95		98		
38	**neuer Fahrzeuge** von Lieferern **ohne** USt-IdNr. zum allgemeinen Steuersatz	94		96		
39	**Ergänzende Angaben zu Umsätzen**					
40	Lieferungen des ersten Abnehmers bei **innergemeinschaftlichen Dreiecksgeschäften** (§ 25b Abs. 2 UStG)	42				
41	Steuerpflichtige Umsätze im Sinne des § 13b Abs. 1 Satz 1 Nr. 1 bis 5 UStG, für die der **Leistungsempfänger** die **Steuer schuldet**	60				
42	**Nicht steuerbare Umsätze** (Leistungsort nicht im Inland)	45				
43	**Übertrag**		zu übertragen in Zeile 45		24.700	00

USt 1 A – Umsatzsteuer-Voranmeldung 2007 –

Erstellt von Haufe Mediengruppe, Hindenburgstraße 64, 79102 Freiburg

– 2 –

	Kz	Bemessungsgrundlage ohne Umsatzsteuer volle EUR	Kz	Steuer EUR	Ct
Steuernummer:					
Übertrag				24.700	00
Umsätze, für die als Leistungsempfänger die Steuer nach § 13b Abs. 2 UStG geschuldet wird					
Leistungen eines im Ausland ansässigen Unternehmers (§ 13b Abs. 1 Satz 1 Nr. 1 und 5 UStG)	52		53		
Lieferungen sicherungsübereigneter Gegenstände und Umsätze, die unter das GrEStG fallen (§ 13b Abs. 1 Satz 1 Nr. 2 und 3 UStG)	73		74		
Bauleistungen eines im Inland ansässigen Unternehmers (§ 13b Abs. 1 Satz 1 Nr. 4 UStG)	84		85		
Steuer infolge Wechsels der Besteuerungsform sowie Nachsteuer auf versteuerte Anzahlungen u. ä. wegen Steuersatzänderung			65		
Umsatzsteuer				24.700	00
Abziehbare Vorsteuerbeträge					
Vorsteuerbeträge aus Rechnungen von anderen Unternehmern (§ 15 Abs. 1 Satz 1 Nr. 1 UStG), aus Leistungen im Sinne des § 13a Abs. 1 Nr. 6 UStG (§ 15 Abs. 1 Satz 1 Nr. 5 UStG) und aus innergemeinschaftlichen Dreiecksgeschäften (§ 25b Abs. 5 UStG)			66	9.500	00
Vorsteuerbeträge aus dem innergemeinschaftlichen Erwerb von Gegenständen (§ 15 Abs. 1 Satz 1 Nr. 3 UStG)			61		
Entrichtete Einfuhrumsatzsteuer (§ 15 Abs. 1 Satz 1 Nr. 2 UStG)			62		
Vorsteuerbeträge aus Leistungen im Sinne des § 13b Abs. 1 UStG (§ 15 Abs. 1 Satz 1 Nr. 4 UStG)			67		
Vorsteuerbeträge, die nach allgemeinen Durchschnittssätzen berechnet sind (§§ 23 und 23a UStG)			63		
Berichtigung des Vorsteuerabzugs (§ 15a UStG)			64		
Vorsteuerabzug für innergemeinschaftliche Lieferungen neuer Fahrzeuge außerhalb eines Unternehmens (§ 2a UStG) sowie von Kleinunternehmern im Sinne des § 19 Abs. 1 UStG (§ 15 Abs. 4a UStG)			59		
Verbleibender Betrag				15.200	00
Andere Steuerbeträge in Rechnungen unrichtig oder unberechtigt ausgewiesene Steuerbeträge (§ 14c UStG) sowie Steuerbeträge, die nach § 4 Nr. 4a Satz 1 Buchst. a Satz 2, § 6a Abs. 4 Satz 2, § 17 Abs. 1 Satz 6 oder § 25b Abs. 2 UStG geschuldet werden			69		
Umsatzsteuer-Vorauszahlung/Überschuss				15.200	00
Anrechnung (Abzug) der festgesetzten **Sondervorauszahlung** für Dauerfristverlängerung (nur auszufüllen in der letzten Voranmeldung des Besteuerungszeitraums, in der Regel Dezember)			39		
Verbleibende Umsatzsteuer-Vorauszahlung (bitte in jedem Fall ausfüllen) **Verbleibender Überschuss** - bitte dem Betrag ein Minuszeichen voranstellen -			83	15.200	00

Umsatzsteuer

Vorsteuer

Umsatzsteuer-Zahllast

II. Sonstige Angaben und Unterschrift

Ein Erstattungsbetrag wird auf das dem Finanzamt benannte Konto überwiesen, soweit der Betrag nicht mit Steuerschulden verrechnet wird.

Verrechnung des Erstattungsbetrags erwünscht / Erstattungsbetrag ist abgetreten (falls ja, bitte eine „1" eintragen) **29**

Geben Sie bitte die Verrechnungswünsche auf einem besonderen Blatt an oder auf dem beim Finanzamt erhältlichen Vordruck „Verrechnungsantrag".

Die **Einzugsermächtigung** wird ausnahmsweise (z.B. wegen Verrechnungswünschen) für diesen Voranmeldungszeitraum **widerrufen** (falls ja, bitte eine „1" eintragen) **26**

Ein ggf. verbleibender Restbetrag ist gesondert zu entrichten.

Hinweis nach den Vorschriften der Datenschutzgesetze: Die mit der Steueranmeldung angeforderten Daten werden auf Grund der §§ 149 ff. der Abgabenordnung und der §§ 18, 18b des Umsatzsteuergesetzes erhoben. Die Angabe der Telefonnummern und der E-Mail-Adressen ist freiwillig.

Bei der Anfertigung dieser Steueranmeldung hat mitgewirkt:
(Name, Anschrift, Telefon, E-Mail-Adresse)

Datum, Unterschrift

- nur vom Finanzamt auszufüllen -

11 **19**

12

Bearbeitungshinweis

1. Die aufgeführten Daten sind mit Hilfe des geprüften und genehmigten Programms sowie ggf. unter Berücksichtigung der gespeicherten Daten maschinell zu verarbeiten.
2. Die weitere Bearbeitung richtet sich nach den Ergebnissen der maschinellen Verarbeitung.

Datum, Namenszeichen

Kontrollzahl und/oder Datenerfassungsvermerk

Erstellt von Haufe Mediengruppe, Hindenburgstraße 64, 79102 Freiburg

Sonder-Vorauszahlung

– Bitte weiße Felder ausfüllen, Anleitung auf der Rückseite beachten –

Fallart	Steuernummer	Unter-fallart	Zeit-raum
11		56	0700

30 Eingangsstempel oder -datum

Finanzamt

Unternehmer – ggf. abweichende Firmenbezeichnung – Anschrift – Telefon – E-Mail-Adresse

Antrag auf Dauerfristverlängerung
Anmeldung der Sondervorauszahlung
(§§ 46 bis 48 UStDV)

Zur Beachtung
für Unternehmer, die ihre Voranmeldungen **vierteljährlich** abzugeben haben:
Der Antrag auf Dauerfristverlängerung ist nicht zu stellen, wenn Dauerfristverlängerung bereits gewährt worden ist. Er ist nicht jährlich zu wiederholen. Eine Sondervorauszahlung ist nicht zu berechnen und anzumelden.

I. Antrag auf Dauerfristverlängerung
(Dieser Abschnitt ist gegenstandslos, wenn Dauerfristverlängerung bereits gewährt worden ist.)
Ich beantrage, die Fristen für die Abgabe der Umsatzsteuer-Voranmeldungen und für die Entrichtung der Umsatzsteuer-Vorauszahlungen um einen Monat zu verlängern.

II. Berechnung und Anmeldung der Sondervorauszahlung auf die Steuer für das Kalenderjahr von Unternehmern, die ihre Voranmeldungen monatlich abzugeben haben

Berichtigte Anmeldung (falls ja, bitte eine „1" eintragen) 10

		volle EUR	Ct
1. Summe der verbleibenden Umsatzsteuer-Vorauszahlungen **zuzüglich** der angerechneten Sondervorauszahlung für das Kalenderjahr		15.200	
2. Davon $^1/_{11}$ = **Sondervorauszahlung**	38	1.381	

Verrechnung des Erstattungsbetrags erwünscht / Erstattungsbetrag ist abgetreten (falls ja, bitte eine „1" eintragen) 29
Geben Sie bitte die Verrechnungswünsche auf einem besonderen Blatt an oder auf dem beim Finanzamt erhältlichen Vordruck „Verrechnungsantrag".
Die **Einzugsermächtigung** wird ausnahmsweise (z.B. wegen Verrechnungswünschen) für die Sondervorauszahlung dieses Jahres **widerrufen** (falls ja, bitte eine „1" eintragen) 26
Ein ggf. verbleibender Restbetrag ist gesondert zu entrichten.

Hinweis nach den Vorschriften der Datenschutzgesetze:
Die mit der Steueranmeldung angeforderten Daten werden auf Grund der §§ 149 ff. der Abgabenordnung und des § 18 des Umsatzsteuergesetzes erhoben.
Die Angabe der Telefonnummern und der E-Mail-Adressen ist freiwillig.

Bei der Anfertigung dieser Steueranmeldung hat mitgewirkt:
(Name, Anschrift, Telefon, E-Mail-Adresse)

Datum, Unterschrift

- nur vom Finanzamt auszufüllen -

11 19

Bearbeitungshinweis
1. Die aufgeführten Daten sind mit Hilfe des geprüften und genehmigten Programms sowie ggf. unter Berücksichtigung der gespeicherten Daten maschinell zu verarbeiten.
2. Die weitere Bearbeitung richtet sich nach den Ergebnissen der maschinellen Verarbeitung.

Datum, Namenszeichen

Kontrollzahl und/oder Datenerfassungsvermerk

USt 1 H – Antrag auf Dauerfristverlängerung/Anmeldung der Sondervorauszahlung 2007 –

Erstellt von Haufe Mediengruppe, Hindenburgstraße 64, 79102 Freiburg

Antrag auf Dauerfristverlängerung

Unternehmer/-innen beantragen in der Regel beim Finanzamt eine Fristverlängerung für die Abgabe der Umsatzsteuer-Voranmeldung (Formular = Antrag auf Dauerfristverlängerung). Das heißt, Sie dürfen die Umsatzsteuer-Voranmeldung einen Monat später abgeben, also zehn Tage nach Ablauf des Folgemonats.

- **Monatliche Abgabe:** Sie müssen eine Sondervorauszahlung in Höhe von einem Elftel des Umsatzsteuerbetrags vom Vorjahr leisten. Diese müssen Sie dann mit der Dezemberanmeldung wieder verrechnen.
- **Vierteljährliche Abgabe:** Sie müssen die Verlängerung durch Ihre Unterschrift auf dem Formular beantragen.

Kleinunternehmerregelung

Befreiung von USt.

Sie haben die Möglichkeit, sich beim Finanzamt von der Umsatzsteuer befreien zu lassen. Dies gilt für Freiberufler, Gewerbebetriebe und Vereine gleichermaßen.

Voraussetzung

Voraussetzung: Ihr Umsatz (Einnahmen nicht Gewinn) liegt

- im Vorjahr oder im Gründungsjahr nicht über 17.500 Euro und
- im laufenden Jahr voraussichtlich nicht über 50.000 Euro.

Berechnung im Gründungsjahr

Sie haben sich im August selbstständig gemacht und hatten im Gründungsjahr einen Umsatz von 8.000 Euro. Diese 8.000 Euro haben Sie in fünf Monaten erwirtschaftet, also hätten Sie in zwölf Monaten (8.000 Euro : 5 × 12) 19.200 Euro eingenommen. In diesem Fall ist die Umsatzgrenze von 17.500 Euro überschritten.

Verzichten Sie freiwillig auf die „Besteuerung für Kleinunternehmer“, da Sie in den ersten Jahren hohe Investitionen tätigen und die Vorsteuer abziehen möchten, sind Sie an diese Entscheidung fünf Jahre gebunden. In der Fachsprache heißt das „optieren“.

Aufgaben

1. Sie zahlen Raten für das Darlehen zurück. Was mindert Ihren Gewinn?

   O die gesamte Rate

   O nur die Zinsen

   O nur die Tilgung

2. Sie zahlen Ihre Krankenversicherung über das Geschäftskonto. Ist sie Betriebsausgabe?

   O Ja, Betriebsausgabe

   O Nein, gehört aber in die Einkommensteuer-Erklärung

3. Sie sind Architekt und machen Ihre Planungen im häuslichen Arbeitszimmer, wo Sie auch Ihre Kunden empfangen. Gleichzeitig sind Sie oft unterwegs auf Baustellen und beim Kunden vor Ort. Wird Ihr Arbeitszimmer anerkannt?

   O nein, keine Betriebsausgaben

   O ja, in voller Höhe Betriebsausgaben

4. Ihr Kunde hat seine Rechnung gezahlt. Woran sollten Sie denken, wenn das Geld da ist?

   O eine Party zu feiern

   O Die Umsatzsteuer gehört Ihnen nicht.

5. Was ist eine Umsatzsteuer-Voranmeldung?

   0 Das Finanzamt meldet sich an zur USt.-Prüfung.

   0 Formular vom Finanzamt zur Abrechnung der USt.

6. Welchen Umsatzsteuersatz haben ...

	0 %	7 %	19 %
Porto	0	0	0
Büromaterial	0	0	0
Lebensmittel	0	0	0
Getränke	0	0	0
Versicherung	0	0	0
Kfz-Steuer	0	0	0
Kfz-Reparatur	0	0	0

Bewirtung, Geschenke, Telefon, Abschreibung

Zurück zu Ihren Belegen

Das war ein Exkurs zum Thema Umsatzsteuer. Ich wollte Ihnen zeigen, in welcher Form man die Umsatzsteuer und Vorsteuer mit dem Finanzamt abrechnet.

Nur Nettowerte in der Gewinnermittlung

In der Gewinnermittlung stehen nur die Nettowerte der Betriebseinnahmen und Betriebsausgaben. Umsatzsteuer und Vorsteuer werden gesondert ausgewiesen.

Neue Spalte für Steuern

In Ihrer Gewinnermittlung habe ich eine neue Spalte eingefügt. Hier sind die Beträge der Umsatzsteuer (13.300 Euro) und Vorsteuer (7.600 Euro) eingetragen. In den Beträgen für Darlehenszinsen, Versicherungen und Mieten ist keine Vorsteuer enthalten.

	Gewinnermittlung		
Betriebseinnahmen			
	Umsatzsteuer	**Nettobeträge**	
Warenverkauf	13.300,00	70.000,00	
	13.300,00		70.000,00
Betriebsausgaben			
	Vorsteuer	**Nettobeträge**	
Materialeinkauf	7.600,00	40.000,00	
Zinsen		6.500,00	
Betriebsversicherungen		8.000,00	
Miete		24.000,00	
Arbeitszimmer		1. 800,00	
	7.600,00		80.300,00
Verlust			**-10.300,00**
Umsatzsteuer-Zahllast	5.700,00		

Sie hatten insgesamt folgende Warenverkäufe und Materialeinkäufe:

Warenverkauf vorher	70 000 Euro
weitere Warenverkäufe	+ 130.000 Euro
Warenverkauf insgesamt	200.000 Euro
Umsatzsteuer (13.300 Euro + 24.700 Euro)	*38.000 Euro*
Materialeinkauf vorher	40.000 Euro
weitere Materialeinkäufe	+ 50000 Euro
Materialeinkauf insgesamt	90.000 Euro
Vorsteuer (7.600 Euro + 9.500 Euro)	*17.100 Euro*

	Gewinnermittlung		
Betriebseinnahmen			
	Umsatzsteuer	**Nettobeträge**	
Warenverkauf	38.000,00	200.000,00	
	38.000,00		200.000,00
Betriebsausgaben			
	Vorsteuer	**Nettobeträge**	
Materialeinkauf	17.100,00	90.000,00	
Zinsen		6.500,00	
Betriebsversicherungen		8.000,00	
Miete		24.000,00	
Arbeitszimmer		1.800,00	
	17.100,00		130.300,00
Gewinn			**69.700,00**
Umsatzsteuer-Zahllast	20.900,00		

Ihr Gewinn beträgt 69.700 Euro.

Wie hoch ist die Umsatzsteuer-Zahllast?

Umsatzsteuer	38.000 Euro
Vorsteuer	– 17.100 Euro
Umsatzsteuer-Zahllast	20.900 Euro

Was passiert in der Kasse?

Letzter Kassenbestand (s. S. 42)	62.200 Euro
Materialeinkauf	– 59.500 Euro
Warenverkauf	+154.700 Euro
Aktueller Kassenbestand	157.400 Euro

Das sind die nächsten Belegstapel:

- Bewirtung von Kunden und Geschäftspartnern
- Geschenke an Kunden und Geschäftspartner
- Telefonkosten Geschäftsanschluss
- Telefonkosten Privatanschluss

Monat	Ausgaben Bewirtung	Geschenke
Jan	250,00	60,00
Feb	50,00	50,00
Mrz	160,00	30,00
Apr	120,00	65,00
Mai	280,00	130,00
Jun	210,00	80,00
Jul	180,00	95,00
Aug	360,00	27,00
Sep	120,00	40,00
Okt	90,00	54,00
Nov	300,00	80,00
Dez	260,00	360,00
	2.380,00	1.071,00
	Telefon gesch.	**Telefon privat**
Jan	150,00	58,00
Feb	225,00	50,00
Mrz	195,00	42,00
Apr	158,00	67,00
Mai	160,00	78,00
Jun	212,00	50,00
Jul	230,00	62,00
Aug	280,00	73,00
Sep	190,00	56,00
Okt	180,00	75,00
Nov	276,00	52,00
Dez	124,00	51,00
	2.380,00	714,00

Bewirtung von Kunden und Geschäftspartnern

Um die Bewirtungskosten überhaupt anerkannt zu bekommen, muss der Beleg folgende Voraussetzungen erfüllen:

So muss Ihr Bewirtungsbeleg aussehen

Daran sollten Sie denken	Notizen
Der Beleg muss detailliert, maschinell erstellt und registriert sein.	
Sie müssen Ihren Namen und den Namen Ihres Kunden sowie den Grund der Bewirtung auf dem Beleg eintragen.	

Sie waren öfter mit Ihren Geschäftspartnern oder Kunden in Restaurants. Insgesamt haben Sie Belege in Höhe von 2.380 Euro inkl. 19 % USt.

Was akzeptiert das Finanzamt?

Arbeit im Vordergrund

Solange der Auftrag bzw. die Arbeit im Vordergrund steht, sind Bewirtungskosten zu 100 % abzugsfähig. Das ist der Fall bei Veranstaltungen wie Seminaren, Konferenzen und Messen sowie Besprechungen mit Arbeitnehmern und freien Mitarbeitern aus betrieblichem Anlass. Auch kleine Aufmerksamkeiten, wie Kaffee und Gebäck im Büro, zählen dazu.

Bewirtung im Vordergrund

Steht aber die Bewirtungen im Vordergrund, macht Vater Staat Einschränkungen:

- 70 % der Bewirtungskosten = Betriebsausgabe
- 30 % der Bewirtungskosten = keine Betriebsausgabe

Hier geht es um den gemeinsamen Restaurantbesuch mit Kunden und Geschäftspartnern zur Geschäftsanbahnung und Geschäftserhaltung.

Aufteilung der Bewirtungskosten

Bewirtungskosten werden in der Gewinnermittlung besonders dargestellt. Die Bewirtungskosten von 2.380 Euro brutto werden aufgeteilt, 70 % = 1.400 Euro netto werden als Betriebsausgabe anerkannt, 380 Euro sind Vorsteuer und 30 % = 600 Euro sind keine Betriebsausgaben. Beide Beträge stehen zunächst in den Betriebsausgaben. Dann kommt die Besonderheit: Außerhalb der Gewinnermittlung werden die 30 % dem Gewinn wieder zugerechnet, bei Personenfirmen auf einer Anlage zur Gewinnermittlung und bei Kapitalgesellschaften in der Körperschaftsteuererklärung.

Was passiert mit Ihrem Gewinn?

Gewinn vorher	69.700 Euro
Bewirtungskosten 70 %	– 1.400 Euro
Gewinn nachher	68.300 Euro
Vorsteuer	*380 Euro*

Differenz

Wie Sie in der folgenden Aufstellung sehen, kommt es wieder zu Differenzen zwischen geldmäßigem Gewinn (also dem, was Ihnen in der Kasse bleibt) und steuerlichem Gewinn (den das Finanzamt für die Einkommensteuer zugrunde legt). Obwohl Sie Ihre Kunden einladen mussten, mindern nur 70 Prozent der Ausgaben Ihren steuerlichen Gewinn.

Gewinnermittlung			
Betriebseinnahmen			
	Umsatzsteuer	**Nettobeträge**	
Warenverkauf	38.000,00	200.000,00	
	38.000,00		200.000,00
Betriebsausgaben			
	Vorsteuer	**Nettobeträge**	
Materialeinkauf	17.100,00	90.000,00	
Zinsen		6.500,00	
Betriebsversicherungen		8.000,00	
Miete		24.000,00	
Arbeitszimmer		1.800,00	
Bewirtung 70 %	380,00	1.400,00	
Bewirtung 30 %		600,00	
	17.480,00		132.300,00
Gewinn			67.700,00
nicht abzugsfähige Bewirtungskosten 30 %			600,00
zu versteuernder Gewinn			**68.300,00**
Umsatzsteuer-Zahllast	20.520,00		

Was passiert in der Kasse?

Letzter Kassenstand (s. S. 62)	157.400 Euro
Bewirtungskosten	– 2.380 Euro
Aktueller Kassenstand	155.020 Euro

Bewirtung von Arbeitnehmer/innen ist Betriebsausgabe

Die Bewirtung von Arbeitnehmern ist für das Unternehmen in voller Höhe Betriebsausgabe, soweit sie angemessen ist. Aber, sowie die Bewirtung nicht aus betrieblichem Anlass erfolgt, sollten Sie die Freigrenze von 44 Euro inkl. USt. pro Person und Monat nicht überschreiten. Das gilt auch für Geschenke an Arbeitnehmer.

Ansonsten zählt die Bewirtung bzw. das Geschenk, zum Verdienst, den der Arbeitnehmer in der Einkommensteuererklärung angeben muss. D. h. die Bewirtung ist wie das Gehalt lohnsteuer- und sozialversicherungspflichtig.

Geschenke an Kunden und Geschäftspartner

Prüfen Sie Ihre Belege

Sie haben Ihren Kunden und Geschäftspartnern Geschenke gemacht. Hier müssen Sie sich jeden einzelnen Beleg vornehmen und prüfen, ob die Voraussetzungen für die Anerkennung als Betriebsausgabe erfüllt sind. Folgende Voraussetzungen muss der Beleg erfüllen:

So muss Ihr Beleg für Geschenke aussehen

Daran sollten Sie denken	Notizen
Sie müssen den Namen Ihres Kunden auf dem Beleg eintragen.	
Ihr Geschenk darf nicht teurer als 35 Euro + USt. pro Person und Jahr sein.	
Achtung: Sind Sie Arzt/Ärztin oder Versicherungsvertreter/-in, sind Ihre Einnahmen also umsatzsteuerfrei, dann darf das Geschenk nicht teurer sein als 35 Euro inklusive Umsatzsteuer!	

Vorsicht, Grenze von 35 Euro

Geschenke über 35 Euro werden gar nicht anerkannt, sie sind keine Betriebsausgaben. Also: Eine Quittung über 60 Euro für ein Geschenk an eine Person = 0 Euro Betriebsausgabe.

Tipps für den Einkauf von Geschenken

Denken Sie beim Einkaufen an diese Voraussetzungen:

- Pro Person und Jahr nicht über 35 Euro ausgeben.
- Name der beschenkten Person auf der Rechnung angeben.

Nun zurück zu Ihren Belegen. Sie haben die Namen Ihrer Kunden auf die Belege geschrieben und alle Geschenke kosteten bis 35 Euro pro Person und Jahr.

Einkauf von Geschenken

Insgesamt hatten Sie Geschenke in Höhe von 1.071 Euro inkl. 19 % USt. Diese Geschenke sind also in voller Höhe Betriebsausgaben.

Was passiert mit Ihrem Gewinn?

Gewinn vorher	68.300 Euro
Geschenke bis 35 Euro	– 900 Euro
Gewinn nachher	67.400 Euro

Was passiert in der Kasse?

Letzter Kassenstand (s. S. 66)	155.020 Euro
Geschenke bis 35 Euro	– 1.071 Euro
Aktueller Kassenstand	153.949 Euro

Wie hoch ist die Umsatzsteuer-Zahllast?

Erhaltene Umsatzsteuer	38.000 Euro
bezahlte Vorsteuer (17.480 Euro + 171 Euro)	– 17.651 Euro
Zahllast an das Finanzamt	20.349 Euro

Sie haben 20.349 Euro Schulden aus Umsatzsteuer gegenüber dem Finanzamt. Beachten Sie bitte, dass diese noch in Ihrer Kasse sind und dort auch bleiben sollten.

An USt. denken

Pauschalversteuerung von Geschenken seit 2007

Seit 2007 besteht die Möglichkeit, Geschenke an Arbeitnehmer und Geschäftspartner bis zu 10.000 Euro inkl. USt pro Person und Jahr als Betriebsausgaben anzusetzen, wenn diese mit 30 % pauschal versteuert werden. Diese Methode hat einen Haken. Wird nur ein Geschenk pauschal versteuert, müssen alle Geschenke eines Jahres pauschal versteuert werden, auch Geschenke unter 35 Euro. Sprechen Sie mit Ihrem Steuerberater, ob es in Ihrem Fall sinnvoll ist, die Pauschalversteuerung anzuwenden.

Telefonkosten, Geschäftsanschluss

Sie haben einen Privat- und einen Geschäftsanschluss.

Kosten Geschäftsanschluss

Insgesamt betragen Ihre Telefonkosten des Geschäftsapparats 2.380 Euro inkl. 19 % USt. Diese tragen Sie erst mal bei den Betriebsausgaben ein. Aber denken Sie immer daran, Ausgabe netto und Vorsteuer zu trennen.

In den Betriebsausgaben stehen also 2.000 Euro. Die Vorsteuer beträgt 380 Euro.

Was passiert mit Ihrem Gewinn?

Gewinn vorher	67.400 Euro
Telefonkosten geschäftlich	– 2.000 Euro
Gewinn nachher	65.4000 Euro

Privatnutzung Telefon

Privatnutzung umsatzsteuerpflichtig

Das Finanzamt geht davon aus, dass Sie über den geschäftlichen Anschluss auch Privatgespräche führen. Bei Arbeitnehmern wird darüber hinweggesehen, soweit nur gelegentlich Privatgespräche geführt werden. Nicht aber bei Unternehmer/innen von Personenfirmen. Hier wird dieser Fall so behandelt, als würde Ihr Unternehmen Ihnen persönlich Telefonleistungen verkaufen. Sie sind in diesem Fall ein Kunde Ihres Unternehmens. Das nennt man **unentgeltliche Wertabgabe** oder **Privatnutzung Telefon** und diese ist umsatzsteuerpflichtig.

Bei Umsatzsteuerbefreiung

Sind Ihre Umsätze von der Umsatzsteuer befreit und hatten Sie keinen Vorsteuerabzug bei den Telefonkosten, ist die Privatnutzung Telefon ebenfalls von der USt. befreit (Ärzte, Versicherungen etc. s. S. 47 ff.). Es gibt drei Möglichkeiten, die Privatnutzung zu berechnen:

Berechnungsmöglichkeiten

- 240 Euro pauschal + 19 % USt.
- 30 % der Telefonkosten + 19 % USt.
- Nachweis über tatsächliche Privatgespräche

Je nachdem, was für Sie günstiger ist.

a) 240 Euro pauschal + 19 % USt. (20 Euro pro Monat)

Die gesamten Telefonkosten bleiben in den Betriebsausgaben stehen. 240 Euro + 19 % USt. werden als Betriebseinnahmen erfasst. Die Grenze von 240 Euro wird noch verwendet, es gibt aber auch Verwaltungsanweisungen, in denen die Grenze auf 360 Euro erhöht wurde. Fragen Sie Ihren Steuerberater, welche Pauschale zu verwenden ist.

b) 30 % der Telefonkosten + 19 % USt.

Die gesamten Telefonkosten bleiben in den Betriebsausgaben stehen. Davon werden 30 Prozent als Betriebseinnahmen erfasst.

Privatgespräche vom Geschäftsanschluss

Sie hatten Telefonkosten in Höhe von 2.000 Euro. Welche Berechnungsmethode ist in diesem Fall günstiger?

„Privatnutzung Telefon"

30 % von 2.000 Euro = 600 Euro, also wählen Sie die Pauschale in Höhe von 240 Euro! In der Gewinnermittlung wird der Privatanteil als Betriebseinnahme „Privatnutzung Telefon" eingetragen.

Was passiert mit Ihrem Gewinn?

Gewinn vorher	65.400,00 Euro
Privatnutzung Telefon	+ 240,00 Euro
Gewinn nachher	65.640,00 Euro

Wie hoch ist die Umsatzsteuer-Zahllast?

Umsatzsteuer-Zahllast	20.349,00 Euro
Vorsteuer Telefongeschäftsanschluss	– 380,00 Euro
USt. Privatnutzung Telefon	+ 45,60 Euro
neue Umsatzsteuer-Zahllast	20.014,60 Euro

Gewinnermittlung

Betriebseinnahmen			
	Umsatzsteuer	**Nettobeträge**	
Warenverkauf	38.000,00	200.000,00	
Privatnutzung Telefon + USt.	45,60	240,00	
	38.045,60		200.240,00
Betriebsausgaben			
	Vorsteuer	**Nettobeträge**	
Materialeinkauf	17.100,00	90.000,00	
Zinsen		6.500,00	
Betriebsversicherungen		8.000,00	
Miete		24.000,00	
Arbeitszimmer		1.800,00	
Bewirtung 70 %	380,00	1.400,00	
Bewirtung 30 %		600,00	
Geschenke bis 35 Euro	171,00	900,00	
Telefonkosten	380,00	2.000,00	
	18.031,00		135.200,00
Gewinn			65.040,00
nicht abzugsfähige Bewirtungskosten			600,00
zu versteuernder Gewinn			**65.640,00**
Umsatzsteuer-Zahllast	20.014,60		

Telefonkosten Privatanschluss

Geschäftliche Telefonate

So wie Sie vom Unternehmen aus privat telefonieren, führen Sie sicher auch von zu Hause aus geschäftliche Telefonate. Ca. 20 bis 30 Prozent der privaten Telefonkosten inkl. USt. kann man als **Betriebsausgaben** geltend machen. Da die Rechnung an Sie, die Privatperson ging, erhalten Sie die Vorsteuer nicht vom Finanzamt wieder.

Geschäftsgespräche vom Privatanschluss

Sie haben Ihre privaten Telefonkosten addiert; es waren insgesamt 714 Euro (inkl. 19 % USt.). Davon sind in Ihrem Fall 30 Prozent (= 214,20 Euro) Betriebsausgabe.

Was passiert mit Ihrem Gewinn?

Gewinn vorher	65.640,00 Euro
Telefonkosten Privatanschluss	– 214,20 Euro
Gewinn nachher	65.425,80 Euro

Was passiert in der Kasse?

Letzter Kassenstand (s. S. 69)	153.949,00 Euro
Telefonkosten Privatanschluss	– 2.380,00 Euro
Telefonkosten privat	– 714,00 Euro
Aktueller Kassenstand	150.855,00 Euro

Unterschiede

Hier sehen Sie wieder, dass es zu Unterschieden zwischen geldmäßigem und steuerlichem Gewinn kommt. Das nächste Thema „Abschreibung von Anlagevermögen" ist auch ein gutes Beispiel dafür.

Was sind Betriebsausgaben?	Was sind keine Betriebsausgaben?
Bewirtung von Geschäftspartnern zur Geschäftsanbahnung und Geschäftserhaltung: 70 % (Vorsteuerabzug 100 %)	Bewirtungskosten 30 %, wenn die Bewirtung im Vordergrund steht
Bewirtungskosten im Rahmen eines Auftrags der Seminars und bei Arbeitsbesprechungen: 100 % (Vorsteuerabzug 100 %)	Bewirtungskosten 100 %, soweit sie nicht angemessen sind.
Geschenke bis 35 Euro	Geschenke über 35 Euro
Telefonkosten Geschäftsanschluss	Privatnutzung Geschäftsanschluss
Geschäftsgespräche vom Privatanschluss	Telefonkosten Privatanschluss

Abschreibung

Kurz vor Jahresende spricht jeder davon: „Es muss noch investiert werden für die Abschreibung, um Steuern zu sparen." Was ist damit gemeint?

Achtung! Das lohnt sich nicht immer. Nur ein Teil der Anschaffungskosten vermindert den Gewinn im Anschaffungsjahr.

Verteilung auf mehrere Jahre

Abschreiben heißt, die Anschaffungskosten für Gegenstände des Betriebsvermögens (Gebäude, Maschinen, Fahrzeuge) auf mehrere Jahre zu verteilen: Nur die Abschreibungen sind Betriebsausgaben, nicht die Anschaffungskosten. Außerdem sind laufende Kosten (Reparaturen, Benzin) für Anlagegegenstände in voller Höhe Betriebsausgaben.

Anschaffung Anlagevermögen

Abnutzbar oder nicht abnutzbar

Teile der Betriebs- und Geschäftsausstattung (Grundstücke, Gebäude, Maschinen, Pkw, Lkw, Computer, Finanzanlagen) nennt man Anlagegüter oder Anlagevermögen. Werden diese angeschafft und liegen deren Kosten über 60 Euro, ist das keine Betriebsausgabe. Sie gehören zum Vermögen des Unternehmens. In diesem Fall wird das Betriebsvermögen erhöht. Beim Anlagevermögen unterscheidet man zwischen **nicht abnutzbaren** und **abnutzbaren** Vermögensgegenständen oder Vermögenswerten.

Anlagevermögen

nicht abnutzbar	**abnutzbar**
Grundstücke	Gebäudc
Finanzanlagen	Maschinen, Computer
Beteiligungen	Pkw/Lkw
Internet-Adresse	Internetseite
↓ keine Abschreibung	↓ Abschreibung

Nicht abnutzbares Anlagevermögen bleibt bis zum Verkauf mit den Anschaffungskosten inklusive Anschaffungsnebenkosten im Betriebsvermögen stehen.

Abnutzbares Anlagevermögen verliert durch die tägliche Nutzung im Laufe der Zeit an Wert. Es muss entsprechend der Nutzungsdauer abgeschrieben werden.

Was heißt das, abschreiben?

Abschreibung einer Maschine

Eine Maschine hat laut Finanzamt eine voraussichtliche Nutzungsdauer von fünf Jahren. Also werden die Anschaffungskosten (AK) sowie eventuelle Nebenkosten (Installation, Einweisung) auf fünf Jahre verteilt.

In diesem Fall ist ein Fünftel der gesamten Anschaffungskosten pro Jahr Betriebsausgabe. Voraussetzung: Das Anlagegut muss Ihrem Unternehmen zur Verfügung stehen, nur eine Rechnung oder eine Anzahlung reicht nicht aus.

Abschreibung einer Maschine

Anschaffungskosten	50.000 Euro
Nutzungsdauer	5 Jahre
Abschreibung pro Jahr	10.000 Euro

(Betriebsausgaben = Abschreibung, keine Betriebsausgabe = Anschaffungskosten)

Das Finanzamt verfügt über **Abschreibungstabellen.** Darin ist die voraussichtliche Nutzungsdauer aller Anlagegüter erfasst (z. B. Computer drei Jahre, Kfz sechs Jahre). Sie müssen sich also an bestimmte Vorgaben halten!

Abschreibungstabellen

Abschreibungstabellen und -rechner

Die Abschreibungstabellen und einen Abschreibungsrechner finden Sie auf der beigelegten CD-ROM.

Man spricht auch von **AfA = Absetzung für Abnutzung.** Das ist der steuerliche Begriff für Abschreibung.

AfA

Zu den Anschaffungskosten gehören auch Anschaffungsnebenkosten, z. B.: Frachtkosten, Installation, Einweisung, Fundament für Maschine, Notarkosten. Anschaffungsnebenkosten werden ebenfalls abgeschrieben!

Anschaffungsnebenkosten

Abschreibungsarten für abnutzbares Anlagevermögen

Hier muss man unterscheiden zwischen beweglichem, unbeweglichem und immateriellem Anlagevermögen.

Verschiedene Arten

Zur Erinnerung:

- beweglich = Maschinen, Fahrzeuge, Computer, Möbel
- unbeweglich = Gebäude, sonstige Bauten
- immateriell = Firmenwert, Patente, Software

Es gibt verschiedene Arten, einen beweglichen Anlagegegenstand abzuschreiben:

Bewegliches Anlagevermögen

- linear
- degressiv bis 2007

- nach Leistungseinheiten
- Abschreibung von geringwertigen Wirtschaftsgütern (GWG)
- neu ab 2008: Poolabschreibung

a) Lineare Abschreibung

Abschreibung in gleichen Jahresbeträgen.

  Anschaffungskosten (AK)
+ Anschaffungsnebenkosten
= Gesamte Anschaffungskosten

$$\frac{\text{Gesamte Anschaffungskosten}}{\text{Nutzungsdauer}} = \text{jährliche Abschreibung}$$

Abschreibung bei Büromöbeln

Sie haben sich Büromöbel im Wert von 50.000 Euro angeschafft, deren Nutzungsdauer laut AfA-Tabelle bei zehn Jahren liegt.

Büromöbel 50.000 Euro

10 Jahre = 5000 Euro jährliche Abschreibung

b) Degressive Abschreibung bis 2007

Berechnung

Der lineare Abschreibungssatz errechnet sich wie folgt: 100 % : Nutzungsdauer, also 25 % bei einer Nutzungsdauer von vier Jahren. Die degressive Abschreibung beträgt maximal 20 % oder 30 %, je nachdem, wann das Anlagegut angeschafft oder hergestellt wurde.

angeschafft oder hergestellt	degressive Abschreibung
bis 2005	2 × linearer Abschreibungssatz, max. 20 %
im Jahr 2006 und 2007	3 × linearer Abschreibungssatz, max. 30 %

Hier erfolgt die Abschreibung in fallenden Jahresbeträgen. Im ersten Jahr prozentual von den Anschaffungskosten und in den Folgejahren jeweils prozentual vom Restwert.

Diese Abschreibungsart wird abgeschafft und gilt nur noch für Wirtschaftsgüter, die bis zum 31.12.2007 angeschafft oder hergestellt werden.

Anschaffung/ Herstellung bis 31.12.07

Maschine	50.000 Euro	
davon 30 %	= 15.000 Euro Abschreibung	1. Jahr
Restwert	50.000 – 15.000 Euro = 35.000 Euro	
davon 30 %	= 10.500 Euro Abschreibung	2. Jahr
Restwert	35.000 – 8.000 Euro = 24.500 Euro	
davon 30 %	= 7.350 Euro Abschreibung	3. Jahr

c) Abschreibung nach Leistungseinheiten

Hier kommt es auf die Gesamtleistung an, z. B. Fahrtkilometer bei einem Lkw.

Gesamtleistung entscheidend

Voraussichtliche Gesamtleistung Lkw:	200.000 km
Anschaffungskosten Lkw:	100.000 Euro

Man ermittelt den Abschreibungsbetrag pro km:

Berechnung

100.000 Euro : 200.000 km = 0,50 Euro pro km

Im ersten Jahr ist der Lkw 50.000 km gefahren. In diesem Fall ist der Abschreibungsbetrag:

50.000 km × 0,50 Euro = 25.000 Euro Abschreibung im 1. Jahr

d) Abschreibung von geringwertigen Wirtschaftsgütern (GWG)

Abschreibung sofort

Bewegliche Anlagegüter und Software mit einem Anschaffungswert bis zu 150 Euro ohne Umsatzsteuer (410 Euro bis 2007) müssen im Jahr der Anschaffung voll abgeschrieben werden. Hier handelt es sich um geringwertige Wirtschaftsgüter (GWG) oder Trivialsoftware.

e) Neu ab 2008: Poolabschreibung

Abschreibung über fünf Jahre

Bewegliche Anlagegüter mit einem Anschaffungswert über 150 Euro und bis zu 1.000 Euro ohne USt. werden in einem Sammelposten zusammengefasst und gemeinsam über fünf Jahre linear abgeschrieben. Bei Veräußerung, Diebstahl oder Defekt ist keine vorzeitige Ausbuchung möglich, es wird trotzdem weiter abgeschrieben. Aber der Veräußerungserlös wird, wie bisher, im Jahr der Veräußerung erfasst.

Abschreibungsregelung im Einkommensteuergesetz (EStG)

Abnutzbares, bewegliches Anlagevermögen (Maschinen):

- Planmäßige AfA § 7 (1) – (3) EStG (linear, degressiv)
- oder Sonder-AfA § 7g EStG (zusätzlich zu § 7 (1) – (4) EStG)

Hat man sich für eine Abschreibungsart entschieden, muss man diese so lange beibehalten, bis der Anlagegegenstand abgeschrieben ist. Eine Ausnahme bildet die degressive Abschreibung. Hat man diese gewählt, kann man zur linearen Abschreibung wechseln.

Abschreibungsart erst am Jahresende wählen

Die Entscheidung, welche Abschreibungsart die günstigere ist, treffen Sie erst, wenn das Jahr vorbei ist und die Gewinnermittlung erstellt wird. Denn erst dann wissen Sie, ob Sie Gewinne schieben (hohe Abschreibung) oder schon heute realisieren wollen (niedrige Abschreibung). In den meisten Fällen hilft Ihnen hier Ihr Steuerberater.

Abnutzbares, unbewegliches Anlagevermögen

Abschreibungsart gesetzlich festgelegt

Zum abnutzbaren, unbeweglichen Anlagevermögen zählen vor allem Gebäude. Gebäude werden linear oder degressiv abgeschrieben. Sie können sich die Abschreibungsart allerdings nicht selbst aussuchen. Kaufen Sie eine Eigentumswohnung oder ein Haus, schreibt das Gesetz genau vor, welche Abschreibungsart auf dieses Objekt zutrifft. Es kommt dabei auf den Zeitpunkt der Anschaffung oder den Tag der Bauantragstellung an. Außerdem wird unterschieden nach Altbau, Neubau, Nutzung betrieblich oder zu Wohnzwecken. Die entsprechenden Paragraphen lauten:

- Planmäßige AfA § 7 (4) und §7 (5 bis 2005) EStG oder
- erhöhte AfA §§ 7h, 7i, 7k EStG (statt § 7 (4) oder (5) EStG).

Unbewegliche Anlagevermögen außer Gebäude (Parkplatz, Einbauten) werden linear abgeschrieben.

Abschreibungsart (immaterielles Anlagevermögen)

Lineare Abschreibung

Immaterielle Anlagegüter (Software, Patente, Firmenwert) werden immer linear abgeschrieben, hier gibt es keine Wahlmöglichkeit.

Abschreibung im Jahr der Anschaffung

Abschreibung anteilig

Im Jahr der Anschaffung darf die Abschreibung nur für die Monate geltend gemacht werden, in denen die Rechnung vorlag und der Anlagegegenstand dem Betrieb zur Verfügung stand.

Abschreibung einer Maschine

Kauf einer Maschine für	60.000 Euro		
Nutzungsdauer	5 Jahre		
jährliche Abschreibung	12.000 Euro : 12 Monate = 1.000 Euro pro Monat		
Anschaffungsdatum			
15.04.	Abschreibung im 1. Jahr (9 Monate)	=	9.000 Euro
30.11.	Abschreibung im 1. Jahr (2 Monate)	=	2.000 Euro

Vereinfachungsregelung wurde abgeschafft

Die Vereinfachungsregelung (Anschaffung im 1. Halbjahr volle Abschreibung, im 2. Halbjahr halbe Abschreibung) wurde abgeschafft.

Die Abschreibungsliste (AfA-Liste)

Hat man in seinem Unternehmen Anlagegüter, die abgeschrieben werden, muss man zusätzlich zur Gewinnermittlung eine AfA-Liste beifügen.

Abschreibungsliste						
Maschinen						
Pkw Nutzungs-	Anschaffungsdatum	Anschaffungskosten	Stand 01.01.08	Zugang/ Abgang	AfA	Stand 31.12.08
dauer 6 Jahre Abschreibung	15.04.08	60.000,-	0,00	60.000,-	7.500	52.500
linear					7.500	52.500
Büroeinrichtung						
Computer Nutzungs-	Anschaffungsdatum	Anschaffungskosten	Stand 01.01.08	Zugang/ Abgang	AfA	Stand 31.12.08
dauer 3 Jahre Abschreibung	30.12.06	3.600,-	2.300	0,00	1.200	1.100
linear					1.200	1.100

Verkauf Anlagevermögen

Pkw im Anlagevermögen bereits abgeschrieben

Angenommen, Sie haben einen gebrauchten Pkw im Anlagevermögen. Er ist bereits abgeschrieben und steht mit 1 Euro Erinnerungswert in der AfA-Liste. Nun verkaufen Sie diesen Pkw für 5.000 Euro (zzgl. 19 % USt.). Wie wirkt sich dieser Verkauf auf Ihren Gewinn aus?

Der Verkaufserlös ist Betriebseinnahme und der Restwert, die 1 Euro, ist Betriebsausgabe.

Verkaufspreis netto	5.000 Euro
Restwert	1 Euro
Gewinn im Verkaufsjahr	4.999 Euro

Das war ein Beispiel, wenn das Anlagegut bereits abgeschrieben ist.

Pkw im Anlagevermögen noch nicht abgeschrieben

Wie ist das bei einem neuen Anlagegut, das noch nicht abgeschrieben ist?

In diesem Fall müssen Sie es bis zum Ende des Verkaufsmonats abschreiben und den Restwert ermitteln.

Verkaufspreis netto	15.000 Euro
AfA bis Ende des Verkaufsmonats	– 4.500 Euro
Restwert	– 7.500 Euro
Gewinn im Verkaufsjahr	3.000 Euro

So ermitteln Sie die **anteilige Abschreibung** und den **Restwert**:

Pkw angeschafft	5.1.2005
Nutzungsdauer	5 Jahre
Anschaffungskosten	30.000 Euro
Abschreibung linear, jährlich 6.000 Euro/mtl. = 500 Euro	
Verkauft am 15.9.08 für 15.000 Euro netto ...	
Buchwert am 1.1.08	12.000 Euro
AfA bis 30.09.08 (9 Monate × 500 Euro)	– 4.500 Euro
Restwert am 30.09.08	7.500 Euro

Aufgaben

1. Sie haben Ihren Kunden zum Essen eingeladen. Die Quittung ist maschinell erstellt und registriert. Was müssen Sie selbst eintragen?

   O Ihren Namen, Name des Kunden, Grund der Bewirtung
   O Name des Kunden, Grund der Bewirtung
   O Name des Kunden

2. Ihr Kunde hat von Ihnen ein Buch für 100 Euro zu Weihnachten erhalten. Wie hoch ist die Betriebsausgabe?

   O nur 35 Euro
   O 0 Euro
   O 100 Euro

3. Das Finanzamt schreibt Personenfirmen vor, Privatnutzung Telefon anzusetzen. Wie wird dieser in die Gewinnermittlung eingetragen?

   O Kürzung der Telefonkosten um den Privatanteil
   O Telefonkosten bleiben, Privatanteil als Einnahme erfassen

4. Auf wie viele Jahre wird ein Grundstück laut Gesetz abgeschrieben?

   O 10 Jahre
   O 50 Jahre
   O lt. Gesetz gar nicht, nur in besonderen Fällen

5. Wer schreibt die Nutzungsdauer vor, in dessen Zeitraum ein Anlagegut abgeschrieben wird?

   O Sie, Unternehmer/-in
   O das Finanzamt, solange Sie keine abweichende Nutzungsdauer nachweisen (z. B. Mehrschichtbetrieb)
   O der Hersteller, Fachzeitschriften

6. Sie haben am 1. Oktober einen neuen Geschäftswagen für 54.000 Euro netto gekauft. Die Nutzungsdauer beträgt sechs Jahre, es wird linear abgeschrieben. Wie hoch ist die Abschreibung im ersten Jahr?

   O 9.000 Euro
   O 2.250 Euro
   O 4.500 Euro

Geschäftswagen, Geschäftsreisen, Privatentnahmen

Zurück zu Ihren Belegen

Zu verarbeitende Belege

Folgende Stapel sind an der Reihe:

- Kauf eines Kfz für Ihr Unternehmen
- Kfz-Kosten, Benzin, Reparaturen am Geschäftswagen
- Kfz-Kosten, Versicherung, Steuern des Geschäftswagens
- Fahrten mit dem Privatwagen

	Ausgaben	
Monat	**Kfz-Rep./Benzin**	**Kfz-Vers./Steuer**
Jan	560,00	860,00
Feb	180,00	0,00
Mrz	210,00	0,00
Apr	260,00	0,00
Mai	236,00	280,00
Jun	620,00	0,00
Jul	198,00	860,00
Aug	298,00	0,00
Sep	460,00	0,00
Okt	195,00	0,00
Nov	1.089,00	0,00
Dez	454,00	0,00
	4.760,00	2.000,00

Anschaffung eines Pkw

Sie haben sich zu Beginn des Jahres ein neues Auto gekauft. Der Kaufpreis inkl. aller Anschaffungsnebenkosten (Überführungskosten, Zulassung) betrug 60.000 Euro + 11.400 Euro USt.

Bevor wir loslegen, muss ich Sie erst mal fragen:

- Nutzen Sie das Auto überwiegend privat oder geschäftlich?
- Nutzen Sie das Auto über 50 Prozent für Ihr Unternehmen?

Nutzung über 50 %

Wenn ja, dann gehört das Fahrzeug zu Ihrem (notwendigen) **Betriebsvermögen**. Alle Kosten, die für das Auto anfallen, sind Betriebsausgaben und die ermittelten Werte der Privatnutzung sind Betriebseinnahmen. Auch im Falle des Verkaufs ist der gesamte Verkaufspreis Betriebseinnahme.

Nutzung unter 10 %

Nutzen Sie das Fahrzeug unter 10 % für Ihr Unternehmen, ist diese Anschaffung eine Privatausgabe. Alle Kosten, die für das Auto anfallen, sind keine Betriebsausgaben. Sie dürfen lediglich die anteiligen Kosten für die geschäftlich gefahrenen Kilometer abrechnen. Im Falle des Verkaufs ist der Verkaufspreis aber auch keine Betriebseinnahme.

Nutzung zwischen 10 und 50 %

Nutzen Sie das Fahrzeug zwischen **10 % und 50 %** für Ihr Unternehmen, haben Sie ein **Wahlrecht**. Dies heißt in der Fachsprache „gewillkürtes Betriebsvermögen“. Sie können selbst entscheiden, ob Sie es zum Betriebsvermögen oder zum Privatvermögen zählen, je nachdem, was in Ihrem Fall günstiger ist. Ist Ihre Entscheidung gefallen, sind Sie allerdings daran gebunden.

Zurück zum Beispiel:

Anschaffung eines Geschäftswagens

Sie nutzen das Auto über 50 % für Ihr Unternehmen. Ihr Auto gehört also zum Betriebsvermögen. Der Kaufpreis von 60.000 Euro ohne Vorsteuer erhöht nun Ihr Betriebsvermögen. Sie haben Ihren neuen Geschäftswagen am 15.01. angeschafft. Es ist Ihr einziges Fahrzeug im Betriebsvermögen, also setzt das Finanzamt voraus, dass Sie es auch für private Zwecke nutzen. Sie erhalten 11.400 Euro Vorsteuer vom Finanzamt wieder.

Die Grundlage für die Abschreibung sind nun 60.000 Euro. Was ist davon Ihre Betriebsausgabe? Noch verändert dieser Kauf nur Ihren Kassenbestand:

Was passiert in Ihrer Kasse?

Letzter Kassenstand (s. S. 73)	150.855 Euro
Kauf Kfz	– 71.400 Euro
Aktueller Kassenstand	79.455 Euro

Sie haben jetzt Betriebsvermögen geschaffen. Bei einem Auto handelt es sich um abnutzbares Anlagevermögen. Also darf das Auto abgeschrieben werden. Dabei gilt wie immer: **Abschreibung = Betriebsausgabe.**

Abschreibung eines Geschäftswagens

Die Nutzungsdauer für Neuwagen ist auf sechs Jahre festgelegt. Da Sie das Auto im Januar gekauft haben, erhalten Sie im 1. Jahr schon die volle Abschreibung.

Ermittlung der Abschreibung

Anschaffungskosten	60.000 Euro
Nutzungsdauer	6 Jahre
Abschreibungsbetrag für das 1. Jahr (12 Monate)	10.000 Euro

Sie haben also in diesem und in den folgenden fünf Jahren jeweils 10.000 Euro an Betriebsausgaben, statt gleich im ersten Jahr 60.000 Euro. In der Gewinnermittlung wird nur die Abschreibung für das erste Jahr eingetragen. Allerdings erhalten Sie die Vorsteuer vom gesamten Kaufpreis gleich im ersten Jahr zurück.

Was passiert mit Ihrem Gewinn?

Gewinn vorher	65.425,80 Euro
Abschreibung Kfz 1. Jahr	– 10.000,00 Euro
Gewinn nachher	55.425,80 Euro

Wie hoch ist die Umsatzsteuer-Zahllast?

Umsatzsteuer-Zahllast	20.014,60 Euro
Anschaffung Kfz	– 11.400,00 Euro
Neue Umsatzsteuer-Zahllast	8.614,60 Euro

Gewinnermittlung			
Betriebseinnahmen			
	Umsatzsteuer	**Nettobeträge**	
Warenverkauf	38.000,00	200.000,00	
Privatnutzung Telefon + USt.	45,60	240,00	
	38.045,60		200.240,00
Betriebsausgaben			
	Vorsteuer	**Nettobeträge**	
Materialeinkauf	17.100,00	90.000,00	
Zinsen		6.500,00	
Betriebsversicherungen		8.000,00	
Miete		24.000,00	
Arbeitszimmer		1.800,00	
Bewirtung 70 %	380,00	1.400,00	
Bewirtung 30 %		600,00	
Geschenke bis 35 Euro	171,00	900,00	
Telefonkosten	380,00	2.000,00	
Telefonkosten Privatanschluss		214,20	
Abschreibung Kfz	11.400,00	10.000,00	
	29.431,00		145.414,20
Gewinn			54.825,80
nicht abzugfähige Bewirtungskosten			600,00
zu versteuernder Gewinn			**55.425,80**
Umsatzsteuer-Zahllast	8.614,60		

Planen Sie Investitionen sorgfältig

Planen Sie in den nächsten drei Jahren eine Investition, sollten Sie sich über die Möglichkeiten des Investitionsabzugsbetrags informieren. Sind alle Voraussetzungen erfüllt, können Sie bereits vor der Anschaffung Ihren Gewinn mindern – um 40 % der Anschaffungskosten (max. 200.000 Euro). D. h. Sie sparen schon vorher Steuern und können zusätzlich im Jahr der Anschaffung Sonderabschreibungen vornehmen. Fragen Sie Ihren Steuerberater.

Das Anlagegut muss folgende Voraussetzungen erfüllen:

- Anschaffung von beweglichen (neuen und gebrauchten) Wirtschaftsgütern, wie Maschinen, Fahrzeuge, Betriebs- und Geschäftsausstattung

- Verbleib im Betriebsvermögen bis zum Ende des Folgejahres
- Fast ausschließlich betriebliche Nutzung (90 %)

Das Unternehmen muss folgende Voraussetzungen erfüllen:

- Betriebsvermögen am Ende des Vorjahres liegt unter 235.000 Euro.
- Gewinn von Einnahme-Überschussrechnern liegt unter 100.000 Euro.

Kfz-Kosten für Geschäftswagen

Trennung von Geschäftlichem und Privatem

Ihr Auto gehört zum Betriebsvermögen. Alle Kfz-Kosten für dieses Auto sind in voller Höhe **Betriebsausgaben**. Als Sie Ihre Belege sortiert haben, fanden Sie nur die Kfz-Kosten für Ihren Geschäftswagen. Sie haben wohl die Kosten für Ihren Privatwagen über Ihr Privatkonto laufen lassen. Gut so, das hat Ihnen eine Menge Arbeit erspart.

Kfz-Kosten

Insgesamt hatten Sie folgende Kfz-Kosten für den Geschäftswagen:

Benzin, Reparaturen:	4.760 Euro inkl. 19 % USt.
Versicherungen, Steuer:	2.000 Euro ohne USt.

Kfz-Steuer und Versicherungen sind umsatzsteuerfrei, d. h. es ist keine Vorsteuer enthalten. In der Gewinnermittlung werden nun diese Kfz-Kosten zu den Betriebsausgaben gezählt. Die enthaltene Vorsteuer beträgt 640 Euro.

Was passiert mit Ihrem Gewinn?

Gewinn vorher	55.425,80 Euro
Kfz-Reparatur, Benzin	– 4.000,00 Euro
Kfz-Versicherung, Kfz-Steuer	– 2.000,00 Euro
Gewinn nachher	49.425,80 Euro

Wie hoch ist die Umsatzsteuer-Zahllast?

Umsatzsteuer-Zahllast	8.614,60 Euro
Kfz-Reparatur, Benzin	– 760,00 Euro
Umsatzsteuer-Zahllast neu	7.854,60 Euro

Was macht Ihr Kassenbestand?

Letzter Kassenstand (s. S. 88)	79.455 Euro
Kfz-Reparatur, Benzin	– 4.760 Euro
Kfz-Versicherung, Kfz-Steuer	– 2.000 Euro
Aktueller Kassenstand	72.695 Euro

Privatnutzung Kfz

Das Finanzamt geht davon aus, dass Sie mit diesem Geschäftswagen auch privat fahren. Somit verkauft Ihr Unternehmen Ihnen Kfz-Nutzung. Sie sind in diesem Fall ein Kunde für Ihr Unternehmen. Diese indirekte Einnahme nennt man „unentgeltliche Wertabgabe" oder „Privatnutzung Kfz".

Berechnungsmethoden

Für Unternehmer/innen einer Personenfirma gibt es seit 2006 folgende Methoden, diese Privatnutzung Kfz zu berechnen.

- Pauschale Abrechnung, 1-%-Regelung, wenn das Fahrzeug zu über 50 % betrieblich genutzt wird
- Berechnung der tatsächlichen Privatfahrten lt. sonstigen Aufzeichnungen, wenn das Fahrzeug zu unter 50 % betrieblich genutzt wird und kein Fahrtenbuch geführt wurde
- Berechnung der tatsächlichen Privatfahrten lt. Fahrtenbuch

Privatnutzung Kfz durch Arbeitnehmer – Sachbezüge Kfz

Überlassen Sie einem Arbeitnehmer ein Fahrzeug und nutzt er dieses auch für Privatfahrten, muss der Arbeitnehmer die private Nutzung im Rahmen der Gehaltsabrechnung versteuern. In diesem Fall erhält der Arbeitnehmer also nicht nur Lohn, sondern auch Sachbezug Kfz. Ein Gesellschafter-Geschäftsführer einer Kapitalgesellschaft (GmbH, AG) ist vor dem Gesetz ebenfalls ein Arbeitnehmer.

Fahrzeuge, die Arbeitnehmern überlassen werden, gehören immer zu 100 % zum Betriebsvermögen, deshalb gibt für die Berechnung der Sachbezüge Kfz nur zwei Methoden, die 1-%-Regelung oder die Fahrtenbuchmethode.

Geschäftswagenrechner

Einen Geschäftswagenrechner für Unternehmer und Arbeitnehmer finden Sie auf der beigelegten CD-ROM.

a) Pauschale Abrechnung, 1-%-Regelung (× 12 Monate)

Betriebliche Nutzung über 50 %

Nutzen Sie das Fahrzeug über 50 % betrieblich, können Unternehmer/innen von Personenfirmen die 1-%-Regelung anwenden. Bei Unternehmen, die aufgrund Ihrer Tätigkeit das Fahrzeug oft nutzen (Baubranche, Außendienst, Fuhrunternehmen), geht das Finanzamt von einer betrieblichen Nutzung von über 50 % aus. Das Gleiche gilt für Fahrzeuge, die Arbeitnehmern überlassen werden.

Zwischen 10 und 50 %

Bei Fahrzeugen, die unter 50 %, jedoch über 10 % betrieblich genutzt werden, entspricht der private Nutzungsanteil der tatsächlichen privaten Nutzung. Mehr dazu finden Sie unter b).

Nun zur 1-%-Regelung: Die gesamten Kfz-Kosten bleiben in den Betriebsausgaben stehen und der ermittelte Privatanteil wird als Betriebseinnahme erfasst.

Berechnung in drei Schritten

Die Berechnung erfolgt in drei Schritten:

1. Schritt: Privatanteil für Fahrten nach Geschäftsschluss

1 % vom Listen-Neupreis (inkl. USt.)
= **Privatnutzung Kfz** (Privatfahrten)

2. Schritt: Privatanteil für Fahrten zwischen Wohnung/Arbeitsstätte

0,03 % vom Listen-Neupreis × km (einfach) Wohnung/Arbeitsstätte
= **Privatnutzung Kfz** (Fahrten Wohnung/Arbeitsstätte)

Achtung! Übersteigt der ermittelte Privatanteil Kfz Ihre tatsächlichen Kfz-Kosten, wird der Privatanteil begrenzt auf diese Kosten. Das nennt man Kostendeckelung.

Hinweis Arbeitnehmer

Für Arbeitnehmer hört die die Berechnung des Privatanteils Kfz (Sachbezug Kfz) hier auf. Arbeitnehmer geben die Kosten für Fahrten zwischen Wohnung und Arbeitsstätte in der Einkommensteuererklärung an. Nur Unternehmer/innen von Personenfirmen führen die folgende Berechnung durch und setzen diese Kosten als Betriebsausgaben an, soweit die einfache Entfernung über 20 km liegt.

3. Schritt: Betriebsausgaben für Fahrten Wohnung/Arbeitsstätte

einfach Entfernung ab 21. km × 0,30 Euro
= abzugsfähige Kosten Fahrten Wohnung/Arbeitsstätte

Privatnutzung Kfz – 1-%-Regelung

Der Listen-Neupreis (inkl. USt.) liegt bei 71.400 Euro und die einfache Entfernung zwischen Wohnung und Arbeitsstätte beträgt 10 km. Ihre Kfz Kosten betragen 16.000 Euro.

Berechnung:

1. Schritt:	12 % von 71.400 Euro	8.568,00 Euro
2. Schritt:	0,03 % × 71.400 Euro × 10 km	214,20 Euro
	= **Privatnutzung Kfz gesamt** (maximal 16.000 Euro, die Kfz-Kosten)	8.782,20 Euro
3. Schritt:	0 km (unter 20 km) × 0,30 Euro	0 Euro
	= abzugsfähige Kosten Fahrten Wohnung/Arbeitsstätte	0 Euro

Die 20-km-Grenze ab 2007 ist umstritten

Bis 2006 waren auch die ersten 20 km der Wegstrecke zwischen Wohnung und Arbeitsstätte abzugsfähig. Die Kürzung ab 2007 ist sehr umstritten und anhängige Verfahren sind noch offen. Es kann also sein, dass diese Gesetzesänderung wieder aufgehoben oder geändert wird. Sprechen Sie mit Ihrem Steuerberater, ob er Ihnen empfiehlt, die ersten 20 km trotzdem als Betriebsausgaben anzusetzen

b) Berechnung der tatsächlichen Privatfahrten lt. sonstigen Aufzeichnungen

Wird das Fahrzeug unter 50 % betrieblich genutzt, können Unternehmer/innen von Personenfirmen seit 2006 die 1-%-Regelung nicht mehr anwenden. In diesem Fall muss die tatsächliche Privatnutzung nachgewiesen werden – vor allem von Unternehmer/innen, die überwiegend im Büro bzw. in der Praxis tätig sind. Der Nachweis geschieht entweder durch ein Fahrtenbuch oder einfache Aufzeichnungen anhand von Terminkalendern oder Reisekostenabrechnungen, wobei die Fahrten zwischen Wohnung und Arbeitsstätte zur betrieblichen Nutzung zählen.

Nachweis der betrieblichen Nutzung

Sprechen Sie mit Ihrem Steuerberater, welche Aufzeichnungen in Ihrem Fall erforderlich sind. In jedem Fall sollten Sie sich den Kilometerstand zu Beginn und am Ende des Jahres notieren, denn die Gesamtkilometerleistung eines Jahres ist die Grundlage für diese Berechnung.

Steht der private Nutzungsanteil fest, erfolgt die Berechnung wie bei der Fahrtenbuchmethode, die im nächsten Kapitel beschrieben wird.

Privatnutzung Kfz – sonstige Aufzeichnungen

Können Sie dem Finanzamt lediglich eine betriebliche Nutzung von 40 % nachweisen, werden die gesamten Kfz-Kosten als Betriebsausgabe erfasst und der private Nutzungsanteil, der als Betriebseinnahme erfasst wird, beträgt 60 % der Kfz-Kosten.

Können Sie dem Finanzamt jedoch eine betriebliche Nutzung von über 50 % nachweisen, können Sie auch die 1-%-Regelung anwenden.

c) Berechnung der tatsächlichen Privatfahrten lt. Fahrtenbuch

Für diese Berechnungsmethode wird vorausgesetzt, dass Sie ein Fahrtenbuch geführt haben. Nur wer ein Fahrtenbuch führt, kann dem Finanzamt nachweisen, dass er das Fahrzeug zu mehr als 50 % betrieblich nutzt. Allerdings erkennt das Finanzamt nicht jedes Fahrtenbuch an. Folgende Angaben muss es beinhalten:

So muss Ihr Fahrtenbuch aussehen

Daran sollten Sie denken	Notizen
Datum und Kilometerstand zu Beginn und am Ende jeder einzelnen Geschäftsfahrt (für Privatfahrten genügen jeweils Kilometerangaben)	
Reiseziel und Reiseroute	
Reisezweck und aufgesuchte Geschäftspartner	

Außerdem muss das Fahrtenbuch zeitnah, fortlaufend und in geschlossener Form geführt werden.

Elektronische Fahrtenbücher

Wichtig! Elektronisch geführte Fahrtenbücher werden nur akzeptiert, wenn das Programm Änderungen nicht zulässt bzw. alle nachträglichen Änderungen zeigt.

Berechnung in drei Schritten

Toll gemacht. Sie haben ein Fahrtenbuch geführt. Die Berechnung erfolgt in drei Schritten:

1. Schritt: Privatanteil für Fahrten nach Geschäftsschluss

Kilometer gesamt = 100 %
Kilometer privat = × % = Privatanteil
Kfz-Kosten × Privatanteil
= **Privatnutzung Kfz** (Privatfahrten)

2. Schritt: Privatanteil für Fahrten zwischen Wohnung/Arbeitsstätte

Kfz-Kosten gesamt : Kilometer gesamt = **Kosten pro km**
Kilometer Fahrten Wohnung/Arbeitsstätte × Kosten pro km
= **Privatnutzung Kfz** (Fahrten Wohnung/Arbeitsstätte)

Hinweis Arbeitnehmer

Arbeitnehmer geben die Kosten für Fahrten zwischen Wohnung und Arbeitsstätte in der Einkommensteuererklärung an. Nur Unternehmer/innen von Personenfirmen führen auch den 3. Schritt der Berechnung durch. Sie setzen diese Kosten als Betriebsausgaben an, soweit die einfache Entfernung über 20 km liegt.

3. Schritt: Betriebsausgaben für Fahrten Wohnung/Arbeitsstätte

einfach Entfernung ab 21. km × 0,30 Euro
= abzugsfähige Kosten Fahrten Wohnung/Arbeitsstätte

Privatnutzung Kfz – Fahrtenbuchmethode

Insgesamt sind Sie im ersten Geschäftsjahr 50.000 Kilometer gefahren. Davon waren 10.000 Kilometer reine Privatfahrten. Kilometer für Fahrten zwischen Wohnung und Arbeitsstätte sind nicht angefallen, da Ihr Büro im Haus ist. Die Kfz-Kosten betragen:

Kfz-Kosten	
Abschreibung	10.000 Euro
Reparaturen, Benzin	4.000 Euro
Versicherung, Steuern	2.000 Euro
Gesamt	16.000 Euro

Berechnung

1. Schritt:	50.000 km gesamt 100 %	
	10.000 km privat 20 % (Privatanteil)	
	16.000 Euro × 20 % =	3.200 Euro
2. Schritt:	16.000 Euro : 50.000 Euro = 0,32 Euro pro km	
	0 km × 0,32 Euro =	**0 Euro**
	= Privatnutzung Kfz gesamt	**3.200 Euro**
3. Schritt :	0 km × 0,30 Euro = 0 Euro	
	= abzugsfähige Kosten Fahrten Whg/Arbeit	**0 Euro**

Ermittelte Privatanteile

Ich fasse zusammen: Folgende Privatanteile wurden ermittelt:

- Pauschale Abrechnung nach der 1-%-Regelung 8.782,20 Euro (8.568 + 214,20)
- Berechnung der tatsächlichen Privatfahrten 3.200 Euro mit Fahrtenbuch

Haben Sie ein Fahrtenbuch geführt oder nicht? Einer dieser Werte wird in Ihrer Gewinnermittlung als Betriebseinnahme erfasst.

Wie viel Umsatzsteuer müssen Sie für die Privatnutzung Kfz abführen?

Umsatzsteuerpflicht?

Hat Ihr Unternehmen umsatzsteuerfreie Umsätze (Ärzte, Versicherungen), bzw. sind Sie nicht zum Vorsteuerabzug berechtigt, ist die Privatnutzung eines Kfz umsatzsteuerfrei. In diesem Fall verwenden Sie für die Berechnung die Kfz-Kosten inkl. Umsatzsteuer. Für alle anderen Unternehmen, die zum Vorsteuerabzug berechtigt sind, ist die Privatnutzung eines Kfz teilweise umsatzsteuerpflichtig.

zu a) Pauschale Abrechnung 1-%-Regelung – Umsatzsteuer abführen

Die Privatnutzung Kfz (für Privatfahrten) beträgt 8.568,00 Euro. Von diesem Betrag sind pauschal 80 % umsatzsteuerpflichtig und 20 % umsatzsteuerfrei. Die Privatnutzung Kfz (für Fahrten Wohnung – Arbeitsstätte) beträgt 214,20 Euro. Dieser Betrag ist umsatzsteuerfrei.

Privatnutzung Kfz umsatzsteuerpflichtig (80 % von 8.568,00 Euro)

Privatnutzung Kfz USt. 19 % netto	6.854,40 Euro
Umsatzsteuer 19 %	1.302,34 Euro
Privatnutzung Kfz inkl. USt.	8.156,74 Euro

Privatnutzung umsatzsteuerfrei

Privatfahrten (20 % von 8.568 Euro)	1.713,60 Euro
Privatanteil Fahrten Wohnung – Arbeitsstätte	214,20 Euro
Privatnutzung Kfz ohne USt. gesamt	1.927,80 Euro

Ihr Gewinn erhöht sich um 8.782,20 Euro und Sie müssen 1.302,34 Euro Umsatzsteuer abführen.

zu b) Fahrtenbuchmethode – Umsatzsteuer abführen

Aufteilung der Kfz-Kosten

Laut Fahrtenbuch beträgt der private Nutzungsanteil 20 %. Für die Ermittlung der Umsatzsteuer müssen Sie Ihre Kfz-Kosten wie folgt aufteilen:

Kfz-Kosten mit Vorsteuerabzug		Kfz-Kosten ohne Vorsteuerabzug	
Abschreibung netto Reparaturen, Benzin netto	10.000,00 Euro 4.000,00 Euro	Versicherung, Steuern	2.000,00 Euro
Summe	14.000,00 Euro		

Privatnutzung Kfz umsatzsteuerpflichtig (20 % von 14.000,00 Euro)

Privatnutzung Kfz USt. 19 % netto	2.800,00 Euro
Umsatzsteuer 19 %	532,00 Euro
Privatnutzung Kfz inkl. USt.	3.332,00 Euro

Privatnutzung Kfz umsatzsteuerfrei

Privatfahrten (20% von 2.000 Euro)	400,00 Euro
Privatanteil Fahrten Wohnung/Arbeitsstätte	0,00 Euro
Privatnutzung Kfz ohne USt.	400,00 Euro

Ihr Gewinn erhöht sich um 3.200,00 Euro und Sie führen 532,00 Euro Umsatzsteuer ab.

Arbeitnehmer – Sachbezug Kfz !

Arbeitnehmer, die ein Firmenfahrzeug auch privat nutzen, versteuern zusammen mit dem Gehalt den Sachbezug Kfz inkl. USt. Das Unternehmen muss die enthaltene Umsatzsteuer an das Finanzamt abführen.

1-%-Regelung

Bei der Berechnung nach der 1-%-Regelung versteuert der Arbeitnehmer 8.782,80 Euro inkl. 19 % USt. Die enthaltene Umsatzsteuer beträgt 1.402,30 Euro.

Fahrtenbuchmethode

Bei der Berechnung nach der Fahrtenbuchmethode versteuert der Arbeitnehmer 3.808 Euro inkl. 19 % USt (3.200 + 608 Euro). Die abzuführende Umsatzsteuer beträgt 608 Euro. Diese Aufgabe erledigt in der Regel der Steuerberater.

Sonderfall: Betrifft nur Fahrzeuge, für die Sie nur 50 % der Vorsteuer aus den Anschaffungskosten abziehen durften

Am 01.04.1999 wurde ein Gesetz eingeführt, das zum 01.01.2004 wieder aufgehoben wurde. Haben Sie in dieser Zeit ein Fahrzeug angeschafft, das Sie als Unternehmer/in auch privat nutzen, durften Sie nur 50 % Vorsteuer aus den Anschaffungskosten abziehen. Nach der Aufhebung des Gesetzes hatte man die Möglichkeit, die übrigen 50 % der Vorsteuer zurückzufordern. Wer darauf verzichtet hat, muss die abzuführende Umsatzsteuer wie folgt berechnen:

Zu a) Pauschale Abrechnung 1-%-Regelung – Umsatzsteuer abführen bei 50 % Vorsteuerabzug aus Anschaffungskosten

In diesem Fall basiert die Umsatzsteuer auf den anteiligen laufenden Kfz-Kosten. Sie sollten nachweisen, zu welchem Anteil Sie das Fahrzeug betrieblich nutzen, ansonsten geht das Finanzamt von mindestens 50 % Privatnutzung aus. Für die Ermittlung der Umsatzsteuer benötigen Sie die tatsächlichen laufenden Kfz-Kosten.

Kfz-Kosten mit Vorsteuerabzug (ohne Abschreibung)		Kfz-Kosten ohne Vorsteuerabzug	
Reparaturen, Benzin netto	4.000,00 Euro	Versicherung, Steuern	2.000,00 Euro

Privatnutzung Kfz umsatzsteuerpflichtig (50 % von 4.000,00 Euro)

Privatnutzung Kfz USt. 19 % netto	2.000,00 Euro
Umsatzsteuer 19 %	380,00 Euro

Privatnutzung umsatzsteuerfrei (50 % von 2.000,00 Euro)

Privatnutzung Kfz ohne USt.	1.000,00 Euro

Ihr Gewinn erhöht sich um 8.782,80 Euro und Sie führen 380,00 Euro Umsatzsteuer ab.

zu b) Fahrtenbuchmethode – Umsatzsteuer abführen bei 50 % Vorsteuerabzug aus Anschaffungskosten

In diesem Fall erfolgt die gleiche Berechnung, allerdings ohne die Abschreibung. Ihr privater Nutzungsanteil beträgt laut Fahrtenbuch 20 %.

Privatnutzung Kfz umsatzsteuerpflichtig (20 % von 4.000,00 Euro)

Privatnutzung Kfz USt. 19 % netto	800,00 Euro
Umsatzsteuer 19 %	152,00 Euro

Privatnutzung Kfz umsatzsteuerfrei (20 % von 2.000,00 Euro)

Privatnutzung Kfz ohne USt.	400,00 Euro

Ihr Gewinn erhöht sich um 3.200,00 Euro und Sie führen 152,00 Euro Umsatzsteuer ab.

Zurück zum Beispiel:

Privatnutzung Kfz – Fahrtenbuchmethode

Zum Glück haben Sie ein Fahrtenbuch geführt. Wie Sie sehen, hat es sich gelohnt. Das Fahrzeug haben Sie am 15.01. angeschafft, also hatten Sie 100 % Vorsteuerabzug aus den Anschaffungskosten. Ihr Gewinn erhöht sich um 3.200,00 Euro. Außerdem müssen Sie 532,00 Euro Umsatzsteuer an das Finanzamt zahlen.

Bei der Privatnutzung Kfz sind die Finanzbehörden ebenfalls sehr streng geworden.

Sind mehrere Pkws im Betriebsvermögen ...

Haben Sie mehrere Pkw im Betriebsvermögen, müssen Sie für jeden Pkw, der vom Unternehmer oder einem Familienmitglied (auch Lebenspartner) privat genutzt wird, „Privatnutzung Kfz" ansetzen, soweit kein eigenes Fahrzeug vorhanden ist.

Nachweispflicht

Der Unternehmer muss nachweisen, dass kein Familienmitglied einen betrieblichen Pkw privat nutzt. In diesem Fall wird der teuerste Pkw für die Berechnung der Privatnutzung Kfz herangezogen.

	Gewinnermittlung		
Betriebseinnahmen			
	Umsatzsteuer	**Nettobeträge**	
Warenverkauf	38.000,00	200.000,00	
Privatnutzung Telefon + USt.	45,60	240,00	
Privatnutzung Kfz + USt.	532,00	2.800,00	
Privatnutzung Kfz ohne USt.		400,00	
	38.577,60		203.440,00

Betriebsausgaben			
	Vorsteuer	**Nettobeträge**	
Materialeinkauf	17.100,00	90.000,00	
Zinsen		6.500,00	
Betriebsversicherungen		8.000,00	
Miete		24.000,00	
Arbeitszimmer		1.800,00	
Bewirtung 70 %	380,00	1.400,00	
Bewirtung 30 %		600,00	
Geschenke bis 35 Euro	171,00	900,00	
Telefonkosten	380,00	2.000,00	
Telefonkosten Privatanschluss		214,20	
Abschreibung Kfz	11.400,00	10.000,00	
Kfz-Reparaturen, Benzin	760,00	4.000,00	
Kfz-Versicherung, Steuern		2.000,00	
	30.191,00		151.414,20
Gewinn			52.025,80
nicht abzugfähige Bewirtungskosten			600,00
zu versteuernder Gewinn			**52.625,80**
Umsatzsteuer-Zahllast	8.386,60		

Fahrten mit dem Privatwagen

Pauschale: 0,30 Euro/km

Wie bereits erwähnt, sind die Kosten für den Privatwagen keine Betriebsausgaben. Sie können aber die Kilometer, die Sie für Ihr Unternehmen gefahren sind, abrechnen. Die Abrechnung der gefahrenen Kilometer erfolgt mit einer Pauschale von 0,30 Euro pro Kilometer.

Kein Fahrtenbuch nötig

Grundsätzlich fahren Sie sicher nur mit dem Geschäftswagen, doch manchmal brauchen Sie ein zweites Auto, wenn z. B. Ihr Mitarbeiter mit dem Firmenwagen unterwegs ist oder der Geschäftswagen in der Werkstatt ist. Hierfür benötigen Sie kein Fahrtenbuch. Eine einfache Aufstellung der betrieblichen Fahrten reicht aus.

Geschäftsfahrten mit dem Privatwagen

Sie waren in Ihrem ersten Geschäftsjahr insgesamt 3.000 Kilometer mit dem Privatwagen für Ihr Unternehmen unterwegs.

Berechnung:

3.000 km × 0,30 Euro = 900 Euro

Diese 900 Euro sind Betriebsausgaben, allerdings ist kein Vorsteuerabzug möglich.

Was passiert mit Ihrem Gewinn?

Gewinn vorher	52.625,80 Euro
Fahrten mit Privatwagen	– 900,00 Euro
Gewinn nachher	51.725,80 Euro

Da Sie die Kosten für Ihren Privatwagen über Ihr Privatkonto laufen lassen, bleibt in diesem Fall die Kasse unberührt.

Führen Sie ein Fahrtenbuch!

Führen Sie für Ihren Privatwagen eine Übersicht über Ihre Fahrten, können Sie auch die anteiligen tatsächlichen Kfz-Kosten ansetzen. Diese müssen Sie belegen und den Anteil der betrieblichen Fahrten ermitteln. In diesem Fall erhalten Sie sogar die anteilige Vorsteuer aus den laufenden Kfz-Kosten zurück.

Privatentnahme Waren

Entnimmt man dem Unternehmen Waren oder Materialien, wird man zum Kunden seines eigenen Unternehmens. Das würde in der Gewinnermittlung unter der Rubrik „Privatentnahme Waren" auftauchen. „Privatentnahme Waren" ist ebenfalls umsatzsteuerpflichtig.

In bestimmten Branchen legt das Finanzamt eine pauschale Privatentnahme pro Person im Jahr fest. Zu den Personen gehören alle mitarbeitenden Unternehmer/innen sowie die Mitarbeiter. Bei Mitarbeitern wird die Privatentnahme Waren „Sachbezug Waren" genannt.

Pauschale Privatentnahme

Beispiele:

- Bäckerei
- Gast- und Speisewirtschaften
- Konditorei und Café
- Metzgerei
- Sonstiger Lebensmittelhandel

Was sind Betriebsausgaben?	Was sind keine Betriebsausgaben?
anteilige, jährliche Abschreibung (Vorsteuerabzug 100 % im Anschaffungsjahr)	Anschaffungskosten Anlagegut
Kfz-Kosten Geschäftswagen (Vorsteuerabzug 100 %)	Privatnutzung Kfz (wird behandelt wie Betriebseinnahme, überwiegend zzgl. Umsatzsteuer)
Kilometerpauschale oder anteilige Kfz-Kosten für betriebliche Fahrten mit dem Privatwagen	Kfz-Kosten des Privatwagens für Privatfahrten
Wareneinkauf	Privatentnahme Waren

Zu verarbeitende Belegstapel

So, nun zu den letzten Belegstapeln:

- Verpflegungsmehraufwand auf Geschäftsreisen
- Übernachtungskosten auf Geschäftsreisen
- Fremdarbeiten
- Privatentnahme Unternehmer/-in

Geschäftsreisen

Verpflegungsmehraufwand auf Geschäftsreisen

Sie waren in Ihrem ersten Geschäftsjahr sehr viel unterwegs. Sie haben verschiedene Lieferanten besucht, haben Kunden Ihr Produkt vorgestellt und waren auf einer Fortbildung. Insgesamt waren Sie in dem Jahr 80 Tage länger unterwegs.

- 50 Tage über 8 Stunden
- 28 Tage über 14 Stunden
- 2 Tage à 24 Stunden

Auf Ihren Geschäftsreisen haben Sie in verschiedenen Restaurants gegessen. Insgesamt waren in Ihren Belegstapeln Rechnungen in Höhe von 952 Euro (inkl. 19 % USt.).

Verpflegungspauschalen

Für solche Fälle gibt es ganz klare Regelungen. Egal, wie viel Sie tatsächlich ausgegeben haben, ist pro Tag nur eine Pauschale für Verpflegungsmehraufwand als Betriebsausgabe abzugsfähig. Die Höhe der Beträge ist genau festgelegt, wie Sie unten sehen können.

Pauschalen für Verpflegung

- 8 bis unter 14 Stunden = 6 Euro
- 14 bis unter 24 Stunden = 12 Euro
- 24 Stunden = 24 Euro

Reisekosten – Verpflegung

Diese Pauschalen pro Tag sind Betriebsausgaben, die tatsächlichen Rechnungen aus den Restaurants sind keine Betriebsausgaben. Jetzt können Sie selbst ausrechnen, in welcher Höhe sich Ihr Gewinn durch diese Geschäftsreisen mindert.

50 Tage über 8 Stunden	50 × 6 Euro =	300 Euro
28 Tage über 14 Stunden	28 × 12 Euro =	336 Euro
2 Tage à 24 Stunden	2 × 24 Euro =	48 Euro
Summe		684 Euro

Betriebsausgaben sind 684 Euro Pauschalen für Verpflegungsmehraufwand. Die Rechnungen in Höhe von 952 Euro inkl. USt. sind keine Betriebsausgaben. Bei Reisekostenpauschalen wird kein Vorsteuerabzug gewährt.

Vorsteuer aus tatsächlichen Aufwendungen abziehbar

Der Vorsteuerabzug aus Verpflegungspauschalen ist nicht möglich, allerdings können Sie die Vorsteuer von den tatsächlichen Verpflegungskosten abziehen. In diesem Fall tragen Sie diese Vorsteuer in die Umsatzsteuer-Voranmeldung ein.

Was passiert mit Ihrem Gewinn?

Gewinn vorher	51.725,80 Euro
Verpflegungsmehraufwand	– 684,00 Euro
Gewinn nachher	51.041,80 Euro

Die Rechnungen der Restaurants haben zwar Ihren Gewinn nicht verändert, trotzdem haben Sie sie mit Geld aus Ihrer Kasse bezahlt.

Was passiert in der Kasse?

Letzter Kassenbestand (s. S. 92)	72.695,00 Euro
Rechnungen Restaurants	– 952,00 Euro
Aktueller Kassenbestand	71.743,00 Euro

! Verpflegungskosten von Arbeitnehmern sind Betriebsausgaben

Gelegentlich schicken Sie sicher auch Ihre Arbeitnehmer auf Reisen, natürlich aus betrieblichem Anlass. In diesem Fall sind Reisekosten, die Ihre Arbeitnehmer verursachen, in voller Höhe Betriebsausgaben. Ganz gleich, ob Sie die Restaurantrechnung übernehmen, die Verpflegungspauschalen erstatten oder beides, diese Kosten sind für das Unternehmen Betriebsausgaben. Was passiert aber mit der Gehaltsabrechnung Ihres Arbeitnehmers?

Erstattungen für Arbeitnehmer

Grundsätzlich können Sie Ihrem Arbeitnehmer die Verpflegungspauschalen laut Reisekostenabrechnung lohnsteuer- und sozialversicherungsfrei erstatten. Sie können sogar den doppelten Betrag erstatten, wenn Sie diesen mit 25 % pauschal versteuern.

„Sachbezug Verpflegung"

Zahlen Sie ihm allerdings zusätzlich die Restaurantrechnung, muss Ihr Arbeitnehmer „Sachbezug Verpflegung" wie das Gehalt versteuern:

- pro Frühstück 1,50 Euro
- pro Mittagessen 2,67 Euro
- pro Abendessen 2,67 Euro

In diesem Fall sieht es das Finanzamt so, als würden Sie Essen einkaufen, um es an Ihren Arbeitnehmer zu verkaufen.

Sachbezug Verpflegung – Arbeitnehmer

Ihr Mitarbeiter war auf Geschäftsreise und legt Ihnen die Reisekostenabrechnung vor. Sie zahlen ihm die beigefügte Restaurantrechnung für ein Mittagessen in Höhe von 15 Euro und erfassen diese als Betriebsausgabe. Informieren Sie nun Ihren Steuerberater darüber, der die Gehaltsabrechnungen erledigt, wird der Mitarbeiter zusammen mit seinem Gehalt einen Sachbezug Verpflegung von 2,67 Euro versteuern.

Übernachtungskosten auf Geschäftsreisen

Reisekosten – Übernachtung

Sie waren auf einer Fortbildung und haben in einem Hotel übernachtet. Die Rechnung beträgt 1.000 Euro + 190 Euro USt. für Übernachtungen ohne Mahlzeiten.

Diese Kosten stellen in voller Höhe Betriebsausgaben dar. Allerdings sind lediglich die Übernachtungskosten Betriebsausgaben. Kosten für Frühstück, Halbpension, Vollpension oder Minibar müssen herausgerechnet werden. Sind die Mahlzeiten nicht gesondert ausgewiesen, müssen Sie die Rechnungen ab 2008 wie folgt kürzen:

Verpflegungskosten herausrechnen

- Fruhstück: Kürzung um 20 % von 24 Euro = 4,80 Euro (4,50 Euro bis 2007)

- Mittagessen: Kürzung um 40 % von 24 Euro = 9,60 Euro
- Abendessen: Kürzung um 40 % von 24 Euro = 9,60 Euro

Die Mahlzeiten gehören zu den Verpflegungskosten und sind ja bereits durch die Pauschalen abgegolten. Der Vorsteuerabzug bei Übernachtungskosten ist zulässig.

Übernachtungskosten Arbeitnehmer

Hat Ihr Arbeitnehmer im Rahmen einer Geschäftsreise übernachtet, sind diese Kosten für das Unternehmen als Betriebsausgabe abzugsfähig. Für den Arbeitnehmer fallen keine Sachbezüge für Übernachtung an. Hat der Arbeitnehmer privat übernachtet, können Sie ihm Übernachtungspauschalen, zum Beispiel für das Inland 20 Euro pro Nacht, steuer- und beitragsfrei erstatten. Fragen Sie Ihren Steuerberater.

Was passiert mit Ihrem Gewinn?

Gewinn vorher	51.041,80 Euro
Übernachtungen	– 1.000,00 Euro
Gewinn nachher	50.041,80 Euro

Was passiert in der Kasse?

Letzter Kassenbestand (s. S. 110)	71.743,00 Euro
Rechnungen, Übernachtungen	– 1.190,00 Euro
Aktueller Kassenbestand	70.553,00 Euro

Gewinnermittlung			
Betriebseinnahmen			
	Umsatzsteuer	**Nettobeträge**	
Warenverkauf	38.000,00	200.000,00	
Privatnutzung Telefon + USt.	45,60	240,00	
Privatnutzung Kfz + USt.	532,00	2.800,00	
Privatnutzung Kfz ohne USt.		400,00	
	38.577,60		203.440,00
Betriebsausgaben			
	Vorsteuer	**Nettobeträge**	
Materialeinkauf	17.100,00	90.000,00	
Zinsen		6.500,00	
Betriebsversicherungen		8.000,00	
Miete		24.000,00	
Arbeitszimmer		1.800,00	
Bewirtung 70 %	380,00	1.400,00	
Bewirtung 30 %		600,00	
Geschenke bis 35 Euro	171,00	900,00	
Telefonkosten	380,00	2.000,00	
Telefonkosten Privatanschluss		214,20	
Abschreibung Kfz	11.400,00	10.000,00	
Kfz-Reparaturen, Benzin	760,00	4.000,00	
Kfz-Versicherung, Steuern		2.000,00	
Fahrten Privatwagen		900,00	
Verpflegungsmehraufwand		684,00	
Übernachtungskosten	190,00	1.000,00	
	30.381,00		153.998,20
Gewinn			49.441,80
nicht abzugfähige Bewirtungskosten			600,00
zu versteuernder Gewinn			**50.041,80**
Umsatzsteuer-Zahllast	8.196,60		

Reisenebenkosten

Nebenkosten wie Parkgebühren, Maut, Telefonkosten, Versicherungen etc. sind in voller Höhe abzugsfähig, soweit sie angemessen sind.

Gemischte Reisen

Verbinden Sie eine Geschäftsreise mit einem Kurzurlaub, wurden bisher die Reisekosten gar nicht anerkannt. Aufgrund offener Revisionsverfahren soll es doch möglich werden, den betrieblichen Anteil herauszurechnen und diesen als Betriebsausgabe anzusetzen. Sprechen Sie darüber mit Ihrem Steuerberater, damit Sie bereits vor Reisebeginn wissen, welche Aufzeichnungen zu führen sind.

Fremdarbeiten

Da Ihre Aufträge häufig unter Termindruck erledigt werden mussten, haben Sie mehrere Arbeiten außer Haus gegeben. Dafür wurden Ihnen Rechnungen in Höhe von 30.000 Euro plus 19 % USt. (5.700 Euro) gestellt.

Was passiert mit Ihrem Gewinn?

Gewinn vorher	50.041,80 Euro
Fremdarbeiten	– 30.000,00 Euro
Gewinn nachher	20.041,80 Euro

Gewinnermittlung			
Betriebseinnahmen			
	Umsatzsteuer	**Nettobeträge**	
Warenverkauf	38.000,00	200.000,00	
Privatnutzung Telefon + USt.	45,60	240,00	
Privatnutzung Kfz + USt.	532,00	2.800,00	
Privatnutzung Kfz ohne USt.		400,00	
	38.577,60		203.440,00
Betriebsausgaben			
	Vorsteuer	**Nettobeträge**	
Materialeinkauf	17.100,00	90.000,00	
Zinsen		6.500,00	
Betriebsversicherungen		8.000,00	
Miete		24.000,00	

Arbeitszimmer		1.800,00	
Bewirtung 70 %	380,00	1.400,00	
Bewirtung 30 %		600,00	
Geschenke bis 35 Euro	171,00	900,00	
Telefonkosten	380,00	2.000,00	
Telefonkosten Privatanschluss		214,20	
Abschreibung Kfz	11.400,00	10.000,00	
Kfz-Reparaturen, Benzin	760,00	4.000,00	
Kfz-Versicherung, Steuern		2.000,00	
Fahrten Privatwagen		900,00	
Verpflegungsmehraufwand		684,00	
Übernachtungskosten	190,00	1.000,00	
Fremdarbeiten	5.700,00	30.000,00	
	36.081,00		183.998,20
Gewinn			19.441,80
nicht abzugsfähige Bewirtungskosten			600,00
zu versteuernder Gewinn			**20.041,80**
Umsatzsteuer-Zahllast	2.496,60		

Gewinnermittlung

Nur zur Erinnerung: Alle Übersichten zur Gewinnermittlung finden Sie auch auf der beigelegten CD-ROM.

Kinderbetreuungskosten

Seit 2006 werden Kinderbetreuungskosten für Kinder unter 14 Jahren, bei Behinderung unter 27 Jahren, als Betriebsausgaben anerkannt, wenn beide Elternteile berufstätig sind. Abzugsfähig sind 2/3 der Kosten, aber maximal 4.000 Euro für zwölf Monate pro Kind.

Berufstätigkeit auch als Minijobber

Berufstätig ist man nach diesem Gesetz bereits mit einem Minijob und einer wöchentlichen Arbeitszeit von zehn Stunden.

Kosten immer überweisen

Fallen bei Ihnen Kosten an für Kinderkrippe, Kindergarten, Tageseltern oder einer Beschäftigung von Kinderpflegern oder nahen Angehörigen, sollten Sie diese Kosten ab sofort per Scheck oder Überweisung bezahlen. Denn bar bezahlte Kinderbetreuungskosten werden nicht anerkannt.

Ja, und sogar Omas und Tanten können beschäftigt werden, wenn ein Vertrag abgeschlossen wird, den Sie auch mit Fremden treffen würden. Mamas und Papas sind zwar unbezahlbar, aber nicht abzugsfähig. Fragen Sie Ihren Steuerberater, sicher hilft er Ihnen, diese Steuersparmöglichkeit optimal zu gestalten.

Schulgeld, Musik- oder Sportunterricht zählen nicht zu den Kinderbetreuungskosten, das gilt auch für Verpflegungskosten.

Haushaltsnahe Dienstleistungen und mehr

Wer Handwerksleistungen, Gartenarbeit, Reinigungsarbeiten oder Pflegedienstleistungen anbietet, muss bei Rechnungen an Privatpersonen Folgendes beachten:

Bei Rechnung beachten

- Material und Arbeitszeit müssen in der Rechnung gesondert ausgewiesen werden.
- Der Kunde sollte nicht bar, sondern per Scheck oder Überweisung bezahlen.

Warum? Sonst kann Ihrem Kunden eine Steuersparmöglichkeit entgehen. Oder Ihnen, wenn Sie als Privatperson eine solche Rechnung erhalten.

Steuerersparnis für alle Haushalte

Alle Haushalte, ob Mieter oder Eigentümer, können einen Teil dieser Kosten direkt von der Steuerlast abziehen. Abziehbar sind allerdings nur Arbeitsleistungen sowie die Maschinen- und Fahrtkosten.

Haushaltsnahe Dienstleistungen sowie Pflege- und Betreuungskosten

Rechnungen über	Steuerermäßigung
■ Wohnungs- und Straßenreinigung, Gartenpflege	■ 20 % der gezahlten Kosten, max. 600 Euro
■ Pflege und Betreuung von Angehörigen mit Pflegestufe I bis III oder Bezieher von Pflegeversicherungsleistungen	■ gezahlte Kosten gesamt - Erstattungen Pflegeversicherung = verbleibende Kosten davon 20 %, max. 1.200 Euro

Theoretisch wären insgesamt 1.800 Euro abziehbar, das wäre aber zu einfach. In diesem Bereich sind insgesamt nur maximal 1.200 Euro von der Steuerlast abziehbar. Aber es gibt noch eine Möglichkeit, um auf 1.800 Euro zu kommen, durch Handwerksleistungen.

Haushaltsnahe Handwerksleistungen

Rechnungen über	Steuerermäßigung
■ Renovierungs-, Erhaltungs- und Modernisierungsleistungen in der Wohnung, im Haus und deren Einrichtungsgegenstände, wie Einbauküche, Waschmaschine, Herd, TV, Computer etc. (nicht bei Neubau)	■ 20 % der gezahlten Kosten, max. 600 Euro

Informieren Sie Ihren Steuerberater, wenn solche Kosten angefallen sind, dann kann er diese in der privaten Einkommensteuererklärung erfassen.

Privatentnahmen durch Unternehmer/-in

Privatentnahmen kann man nur vornehmen, wenn das Unternehmen eine Einzelfirma oder eine Personengesellschaft ist.

Keine Betriebsausgabe!

Eine Privatentnahme ist nie eine Betriebsausgabe! Im Gegenteil, entnimmt man seinem Unternehmen Waren oder Leistungen, wie z. B. Kfz-Eigenverbrauch, ist das eine **Betriebseinnahme**.

Einzelfirma, Personengesellschaft (z. B. GbR, OHG, KG)

Entnahme von Gewinn

Ihr Gewinn ist vergleichbar mit dem Gehalt eines Angestellten. Durch Privatentnahmen entnehmen Sie Ihren Gewinn. Der Gewinn geht praktisch vom Betriebsvermögen in Ihr Privatvermögen über. Aus Ihrem Privatvermögen zahlen Sie dann die Steuern für diesen Gewinn.

Entnahme aus Betriebsvermögen

Sind Sie noch in der Verlustphase, können Sie auch Geld aus dem Betriebsvermögen entnehmen. Sie verringern dadurch nur Ihren Kassenbestand. Auf die Höhe Ihres Gewinns oder Verlusts wirkt sich das aber nicht aus. Denn die Privatentnahme ist keine Betriebsausgabe.

Privatentnahme bei Einzelfirma

Sie sind Unternehmer in einer Einzelfirma. Im Laufe des Jahres entnehmen Sie sich **3.000 Euro** aus Ihrer Geschäftskasse.

Was passiert in der Kasse?

Letzter Kassenbestand (s. S. 113)	70.553,00 Euro
Fremdarbeiten	– 35.700,00 Euro
Privatentnahmen	– 3.000,00 Euro
Aktueller Kassenbestand	31.853,00 Euro

Was passiert mit Ihrem Gewinn?

Ihr Gewinn bleibt unverändert bei 20.041,80 Euro

Kapitalgesellschaft (z. B. GmbH, Ltd., AG)

Gewinnausschüttung

In einer GmbH gibt es keine Privatpersonen, die Geld entnehmen können. Ein Gesellschafter (Beteiligter) einer GmbH oder AG kann den Gewinn nur in Form einer vertraglich vereinbarten bzw. beschlossenen Gewinnausschüttung erhalten. Solange kein Gewinn da ist, kann er auch nicht ausgeschüttet werden. Sie können höchstens ein Darlehen von Ihrem Unternehmen erhalten, das allerdings verzinst wird.

Arbeiten ein oder mehrere Gesellschafter im Unternehmen mit, sind diese in der Regel Geschäftsführer und erhalten ein Gehalt. Sie sind Arbeitnehmer des Unternehmens und das Geschäftsführergehalt ist eine Betriebsausgabe.

Was sind Betriebsausgaben?	Was sind keine Betriebsausgaben?
Verpflegungspauschale Geschäftsreisen, Fortbildung: Pauschale pro Tag 6, 12 oder 24 Euro Vorsteuerabzug nur aus tatsächlichen Belegen	**Tatsächliche Kosten für Verpflegung**
Übernachtungskosten Geschäftsreisen, Fortbildung: im Inland und Ausland nur tatsächliche Kosten	Mahlzeiten, Minibar
Reisekosten Ihrer Arbeitnehmer	**Reisekosten** Ihrer Arbeitnehmer, die nicht angemessen sind.
Löhne und Gehälter Arbeitnehmer	**Privatentnahmen** Unternehmer/-in

Aufgaben

1. Was ist die Voraussetzung, dass Ihr Auto ein Geschäftswagen ist? Geschäftswagen heißt, alle Kfz-Kosten sind Betriebsausgaben und für Privatfahrten wird Eigenverbrauch angesetzt.

   O Bei 10–50 % betriebliche Nutzung haben Sie ein Wahlrecht.

   O Über 50 % betriebliche Nutzung.

   O Man hat die freie Wahl.

   O Unter 10 % betriebliche Nutzung.

2. Welche Methode der Ermittlung der Privatnutzung Kfz ist günstiger?

   O 1-%-Regelung

   O Tatsächlicher Privatanteil laut Fahrtenbuch.

   O Muss für jeden Einzelfall berechnet werden.

3. Ihr Geschäftswagen war in der Werkstatt. In dieser Zeit sind Sie mit Ihrem Privatwagen geschäftlich unterwegs gewesen und haben für 30 Euro getankt. Ist das Benzin eine Betriebsausgabe?

   O Ja, Kosten für Privatwagen sind Betriebsausgaben.

   O Nein, wenn Sie die pauschale Abrechnung 0,30 Euro pro Kilometer vornehmen.

4. Auf einer Geschäftsreise haben Sie für insgesamt 40 Euro gegessen. An diesem Tag waren Sie 18 Stunden unterwegs. Sind diese 40 Euro Betriebsausgaben?

   O Ja, in voller Höhe.

   O Nein, maximal eine Pauschale von 12 Euro.

   O Nein, maximal eine Pauschale von 24 Euro.

5. Sie waren auf einer dreitägigen Fortbildung im Inland. Leider haben Sie die Rechnung für die Übernachtung verlegt. Können Sie in diesem Fall eine Pauschale ansetzen?

   O Ja, es gibt Pauschalen für die Übernachtung im Inland.

   O Nein, es gibt nur Übernachtungspauschalen im Ausland.

6. Sie haben eine Einzelfirma mit einer Mitarbeiterin. Sie bekam Urlaubsgeld von Ihnen, was eine Betriebsausgabe ist. Kurz vor Reiseantritt holen Sie sich auch Urlaubsgeld vom Konto. Ist das auch eine Betriebsausgabe?

   O Ja, schließlich muss man auch mal Pause machen.

   O Nein, Privatentnahmen verändern den Gewinn nicht.

Steuern, Personalkosten und Werbekosten

Steuern zurücklegen fürs Finanzamt

Ihr vorläufiger Gewinn beträgt 20.041,80 Euro. Kompliment, schon im ersten Geschäftsjahr haben Sie Gewinn gemacht.

Mehrmals Gewinn/Verlust ermitteln

Möchten Sie immer einen Überblick über Ihre steuerliche Situation behalten, sollten Sie mehrmals im Jahr Ihren Gewinn oder Verlust ermitteln oder ermitteln lassen. Ihr Steuerberater kann Sie so ständig auf dem Laufenden halten. So wissen Sie genau, ob Sie Geld für die Steuern zurücklegen müssen.

Umsatzsteuer

Eingenommene Umsatzsteuer	38.577,60 Euro
gezahlte Vorsteuer	– 36.081,00 Euro
Umsatzsteuerzahllast	2.496,60 Euro

Irgendwann wird Sie das Finanzamt auffordern, eine Umsatzsteuererklärung abzugeben. In dieses Formular tragen Sie die o. g. Werte ein. Haben Sie bereits Umsatzsteuer-Voranmeldungen übermittelt bzw. Vorauszahlungen geleistet, werden diese natürlich berücksichtigt.

Achtung! Zahlung innerhalb von vier Wochen

Nach Abgabe der Umsatzsteuererklärung wird die Zahlung unaufgefordert nach vier Wochen fällig.

Steuern vom Gewinn

Das Finanzamt interessiert sich erst am Jahresende für Ihren Gewinn oder Verlust, denn Sie müssen für Ihren Gewinn Steuern zahlen:

- Gewerbesteuer (zusätzlich für manche Betriebe)
- Einkommensteuer oder Körperschaftsteuer

Melden Sie dem Finanzamt zum ersten Mal Ihren Gewinn, wird daraufhin die Steuer für das jeweilige Jahr festgelegt. Solange das Finanzamt nichts Gegenteiliges hört, geht es davon aus, dass Sie in den folgenden Jahren mindestens den gleichen Gewinn erwirtschaften und fordert von da an Vorauszahlungen für noch nicht veranlagte (abgerechnete) Jahre.

Liquide Mittel für Steuerzahlung

Im Januar 2008 geben Sie Ihre Steuererklärung für das Jahr 2006 ab. Sie erhalten im März 2008 Ihren Steuerbescheid, in dem eine Steuerlast von 4.000 Euro ermittelt wurde. In diesem Fall müssen sie folgenden Betrag ans Finanzamt zahlen:

Steuer 2006 laut Bescheid	4.000 Euro
Vorauszahlung Steuer 2007	+ 4.000 Euro
Vorauszahlung Steuer 1. Quartal 2008	+ 1.000 Euro
Summe Steuerzahlung	9.000 Euro

Sie müssen also im März 2008 für die Steuerzahlung 9.000 Euro parat haben. Planen Sie diesen Liquiditätsabfluss im Voraus ein.

Gewerbesteuer

Gewerbesteuer ist eine Steuer, die von den Gemeinden erhoben wird. Es kommt also neben den beiden Abteilungen des Finanzamts auch noch die Gemeinde dazu, die von Ihrem Gewinn etwas abhaben möchte.

Wer muss Gewerbesteuer zahlen?

- Alle Gewerbebetriebe, wie z. B. Handwerk, Industrie, Handel, Gastronomie, EDV-Berater.

Wer muss keine Gewerbesteuer zahlen?

Laut § 3 Gewerbesteuergesetz:

- Krankenhäuser, Altenwohnheime, Deutsche Bundesbank, gemeinnützige Vereine, Freiberufler, wie z. B. Ärzte, Rechtsanwälte, Steuerberater, beratende Ingenieure und viele mehr.

Gibt es Freibeträge? !

Für Einzelunternehmen und Personengesellschaften gibt es einen Freibetrag in Höhe von 24.500 Euro. Für Kapitalgesellschaften, wie z. B. GmbH, AG, gibt es keinen Freibetrag.

Gewerbesteuer unterschiedlich hoch

Gewerbesteuerzahlungen für Personenfirmen werden auf die Einkommensteuer angerechnet. Die Gewerbesteuer ist je nach Hebesatz der Gemeinde unterschiedlich hoch. In Großstädten ist sie in der Regel am höchsten.

Gewinn Personenfirma	Gewerbesteuer je nach Gemeinde
24.000 Euro	0 Euro
100.000 Euro	ca. 6.600–10.700 Euro

Gewinn Kapitalgesellschaft	Gewerbesteuer je nach Gemeinde
24.000 Euro	ca. 2.100–3.300 Euro
100.000 Euro	ca. 8.700–14.000 Euro

Ihr Steuerberater kann Ihnen sagen, was bei der Gewerbesteuer auf Sie zukommen kann. Fragen Sie ihn rechtzeitig.

Gewinn liegt unter Freibetrag

Bei einem Gewinn von 20.041,80 Euro fällt für ein Einzelunternehmen keine Gewerbesteuer an. Der Gewinn liegt unter dem Freibetrag von 24.500 Euro.

Die Gewerbesteuer für Gewinne bis 2007 ist eine Betriebsausgabe. Wer sie zahlt, kann diese vom Gewinn für die Einkommensteuer oder Körperschaftsteuer abziehen.

Für Gewinne ab 2008 ist die Gewerbesteuer keine Betriebsausgabe mehr, allerdings ist die Gewerbesteuer für einige Unternehmen ab 2008 etwas günstiger.

Mieten und Schuldzinsen

Wer allerdings hohe Mieten oder hohe Schuldzinsen als Betriebsausgabe abzieht, muss vielleicht sogar ab 2008 mehr Gewerbesteuer zahlen als vorher. Fragen Sie Ihren Steuerberater, ob Sie davon betroffen sind. Um die Gewerbesteuerlast zu berechnen, werden dem Gewinn 25 % aller Zinsen und 25 % aller Zinsanteile aus Mieten und Leasingraten hinzugerechnet, soweit dieser Wert 100.000 Euro übersteigt.

Gewerbesteuer bei 150.000 Euro Gewinn

Angenommen Ihr Gewinn liegt bei 150.000 Euro und die als Betriebsausgaben angesetzten Schuldzinsen betragen 120.000 Euro. In diesem Fall würden theoretisch 25 % von 120.000 Euro, also 30.000 Euro zu den 150.000 Euro hinzugerechnet. Da der Betrag von 30.000 Euro aber unter dem Freibetrag von 100.000 Euro liegt, entfällt die Hinzurechnung und es bleibt bei dem zu versteuernden Gewinn von 150.000 Euro. Wie hoch wäre in diesem Fall die Gewerbesteuer für Personenfirmen, wenn die Gemeinde einen Hebesatz von 400 % hat?

Berechnung:

Gewinn - Freibetrag × 3,5 % = Gewerbeertrag

Gewerbebetrag × Hebesatz der Gemeinde = Gewerbesteuer

(150.000 - 24.500) 125.500 Euro × 3,5 % = 4.392,50

4.392,50 × 400 % = 17.570 Euro Gewerbesteuer

Einkommen- oder Körperschaftsteuer?

Als Nächstes stellt sich die Frage: Einkommensteuer oder Körperschaftsteuer? Hier kommt es darauf an, welche Firmenart Sie haben: Einzelfirmen/Personengesellschaften (GbR, OHG, KG) zahlen Einkommensteuer und Kapitalgesellschaften (GmbH, AG) zahlen Körperschaftsteuer.

Einkommensteuer

Die Einkommensteuererklärung ist eine Abrechnung am Jahresende. Hier müssen Sie alles angeben, was Sie im ganzen Jahr verdient haben.

- Vielleicht waren Sie neben der Tätigkeit in Ihrem Unternehmen bei einer anderen Firma angestellt.

- Oder Ihr Unternehmen ist eine GmbH oder AG und Sie erhalten Gehalt.
- Vielleicht vermieten Sie Ihre Eigentumswohnung.
- Vielleicht haben Sie Ihr Geld bei einer Bank angelegt oder Ihr Unternehmen ist eine GmbH oder AG und Sie erhalten eine Gewinnausschüttung.

All das wird in der Einkommensteuererklärung zusammengefasst und versteuert. Es gibt allerdings verschiedene Freibeträge. Außerdem werden bestimmte private Ausgaben (z. B. private Versicherungen) berücksichtigt. Hier wird z. B. Ihre private Krankenversicherung in Höhe von 3.000 Euro berücksichtigt.

Bei einem Gewinn von 20.041,80 Euro fallen ca. 4.000 Euro Einkommensteuer inkl. Solidaritätszuschlag und Kirchensteuer an.

Einkommen- und Gewerbesteuerrechner

Auf der beiliegenden CD-ROM finden Sie einen einfachen Einkommensteuerrechner sowie einen Gewerbesteuerrechner.

Neu ab 2008 – Gewinnthesaurierung bei Personenfirmen

Personenfirmen mit hohen Gewinnen, die diese nicht entnehmen, sondern im Unternehmen belassen, können von der Gewinnthesaurierung profitieren. Das lohnt sich allerdings in den meisten Fällen nur, wenn Sie den Spitzensteuersatz der Einkommensteuer zahlen müssen. Einnahme-Überschussrechner sind von der Gewinnthesaurierung ausgeschlossen.

Gewinnthesaurierung

Bei der Gewinnthesaurierung werden Gewinne, die Sie nicht entnehmen, zunächst zu einem festen Steuersatz von 28,25 % versteuert.

Gewinn wird nicht entnommen

Bei einem Gewinn von 200.000 Euro sind zunächst erst 56.500 Euro (28,25 %) Einkommensteuer zu zahlen.

Erst später, wenn der Gewinn doch entnommen wird, muss der verbleibende Betrag (Gewinn abzüglich 28,25 % Einkommensteuer) mit 25 % nachversteuert werden.

Nachversteuerung bei Entnahme

Nachversteuerung bei späterer Gewinnentnahme

Wird der Gewinn nun doch entnommen, sind weitere 35.875 Euro (25 %) Einkommensteuer zu zahlen. Insgesamt sind dann für 200.000 Euro Gewinn 92.375 Euro Einkommensteuer zu zahlen.

Bei der Gewinnthesaurierung wird der Gewinn zu festen Steuersätzen versteuert. Ihr persönlicher Einkommensteuersatz wird nicht berücksichtigt, auch wenn er niedriger wäre. Solange Sie die Gewinne im Unternehmen lassen, fallen tatsächlich weniger Steuern an, doch sobald das Geld entnommen wird, kann es teuer werden. Deshalb sollten Sie diese Entscheidung nie ohne Ihren Steuerberater treffen.

Feste Steuersätze

Körperschaftsteuer

Kapitalgesellschaften sind juristische Personen. Eine GmbH, Ltd. oder AG müssen Sie sich wie einen juristischen Mantel vorstellen. Das Unternehmen gibt eine Körperschaftsteuererklärung ab und zahlt auch die Steuern selbst, 15 % vom Gewinn (25 % bis 2007).

Die Inhaber stecken Geld hinein, arbeiten selbst mit oder stellen Mitarbeiter ein. Sie hoffen darauf, dass sich das eingebrachte Geld im Laufe der Jahre vermehrt. Ohne die Menschen oder Maschinen, die in dieser GmbH oder AG arbeiten, könnte das Unternehmen nichts erwirtschaften. Deshalb ist das Gehalt von Arbeitnehmern eine Betriebsausgabe für das Unternehmen.

Wie kommen Inhaber einer GmbH oder AG an das Geld ihrer Firma? Auf drei Arten:

Darlehen

- **Darlehen:** Man kann sich von der Firma Geld leihen, in der Regel gegen Zinsen.

Geschäftsführergehalt

- **Geschäftsführergehalt:** Sie arbeiten als Geschäftsführer und beziehen dafür ein Gehalt. Gehalt ist der Verdienst einer natürlichen Person und somit einkommensteuerpflichtig!

Gewinnausschüttung

- **Gewinnausschüttung:** Bleibt nach Zahlung aller Kosten und Gehälter noch Gewinn übrig, zahlt das Unternehmen dafür Gewerbe- und Körperschaftsteuer. Der verbleibende Gewinn kann an die Beteiligten des Unternehmens (Gesellschafter) ausgeschüttet werden. Bei einer AG ist das die Zahlung einer Dividende. Je nach Anteil am Unternehmen (1, 20 oder 50 %) ist man am Gewinn beteiligt, z. B. durch Gewinnanteile, Dividenden.

Halbeinkünfteverfahren

Hier hat das angelegte Geld einer natürlichen Person Gewinn erwirtschaftet. Die Hälfte des ausgeschütteten Gewinns ist einkommensteuerpflichtig, auch genannt Halbeinkünfteverfahren. Ab 2009 soll dieses Halbeinkünfteverfahren ersetzt werden durch das Teileinkünfteverfahren, 60 % sollen steuerfrei und 40 % steuerpflichtig werden.

Personen, die an einer GmbH beteiligt sind oder mitarbeiten, erhalten von ihr Geld. Alle Verdienste, die eine natürliche Person von einer

GmbH oder AG bezieht, sei es Gehalt oder Gewinnanteile, unterliegen der Einkommensteuer!

Personalkosten

Betriebsausgaben

Gehalt, Lohn und sämtliche Nebenkosten, die für Ihre Arbeitnehmer anfallen, sind Betriebsausgaben, soweit sie angemessen sind.

Sowie Sie Mitarbeiter einstellen, werden Sie zum Arbeitgeber oder früher schon, wenn Ihr Unternehmen eine Kapitalgesellschaft ist, d. h. eine GmbH, AG oder Ltd. Beteiligte einer Kapitalgesellschaft, d. h. Gesellschafter, die im Unternehmen mitarbeiten, sind vor dem Gesetz auch Arbeitnehmer und das Unternehmen ist der Arbeitgeber.

Arbeitgeberpflichten

Sind Sie bzw. Ihr Unternehmen nun Arbeitgeber, müssen Sie zuerst folgende Arbeiten erledigen:

- Ihr Unternehmen als Arbeitgeber anmelden
- Ihre Mitarbeiter anmelden
- Bei mitarbeitenden Inhabern von Kapitalgesellschaften und bei beschäftigten Familienangehörigen müssen Sie überprüfen lassen, ob es sich um unternehmerähnliche oder um echte Arbeitnehmer handelt. Unternehmerähnliche Arbeitnehmer werden in verschiedenen Bereichen besonders behandelt (ggf. keine Sozialversicherungspflicht).

Und schon kehren Sie ein in eine neue Welt der Gesetze. Worte wie Meldewesen, Berufsgenossenschaft, Brutto-, Nettolohn, Sozialversicherung, Lohnsteuer und mehr begegnen Ihnen.

Engagieren Sie einen Steuerberater oder ein Lohnbüro

Da sich die Gesetze in diesem Bereich sehr häufig ändern, ist es ein großes Risiko, Lohn- und Gehaltsabrechnungen ohne Fachwissen selbst zu erstellen. Hier ist das Geld für den Steuerberater bzw. das Lohnbüro sicher gut angelegt.

Hier möchte ich Ihnen lediglich einen groben Überblick über die Pflichten eines Arbeitgebers geben. Unternehmer/innen, die bereits Arbeitnehmer beschäftigen, verstehen danach sicher, warum der Lohnsachbearbeiter ständig so viele Fragen stellt.

Beschäftigungsarten

Es gibt verschiedene Arten der Beschäftigung:

- Voll- und Teilzeitbeschäftigte, die länger als 50 Tage im Jahr in Ihrem Unternehmen arbeiten und mehr als 800,01 Euro im Monat verdienen.
- Teilzeitbeschäftigte, die länger als 50 Tage oder zwei Monate im Jahr in Ihrem Unternehmen arbeiten und zwischen 400,01 Euro und 800,00 Euro verdienen
- Auszubildende
- geringfügig Beschäftigte, die bis zu 400 Euro im Monat verdienen (Minijober)
- kurzfristig Beschäftigte, die höchstens 50 Tage oder zwei Monate im Jahr in Ihrem Unternehmen arbeiten.

Schließen Sie einen schriftlichen Arbeitsvertrag

Es ist es sehr wichtig, mit jedem Arbeitnehmer einen schriftlichen Arbeitsvertrag abzuschließen, das schreibt das Nachweisgesetz vor. Sind nicht alle mündlichen Absprachen schriftlich festgehalten, kann das zu negativen Folgen für den Arbeitgeber führen.

Lohn- und Gehaltsabrechnungen

Für jede Art der Beschäftigung müssen Arbeitgeber Lohn- oder Gehaltsabrechnungen erstellen bzw. vom Steuerberater oder einem Lohnbüro erstellen lassen. Jede Gehaltsabrechnung sieht anders aus. Nicht einmal die Abrechnungen innerhalb einer Beschäftigungsart sind gleich, sie ähneln sich nur. Das liegt daran, dass in die Berechnung von Lohnsteuer und Sozialversicherung sehr viele persönliche Gegebenheiten des Arbeitnehmers einfließen. Fragen wie ...

- ... ist er verheiratet oder ledig?
- ... hat er Kinder, wenn ja, wie viele?
- ... ist er in der Kirche, wenn ja, in welcher?
- ... wie ist er versichert, gesetzlich oder privat?
- ... wie alt ist er?
- ... hat er noch weitere Beschäftigungen?

und viele Fragen mehr müssen vor der ersten Gehaltsabrechnung beantwortet sein.

Lohnsteuer und Sozialversicherung

Bei einer Vollzeitbeschäftigung zahlt in der Regel der Arbeitnehmer die Lohnsteuer, und Arbeitgeber und Arbeitnehmer teilen sich die Sozialversicherung. Bei einem Minijob zahlt in der Regel der Arbeitgeber alle Nebenkosten. In der Regel heißt, dass es auch hier wieder Unterschiede gibt.

Nun möchte ich Ihnen noch kurz den Unterschied von Bruttolohn und Nettolohn zeigen.

Vom Bruttolohn zum Nettolohn

Hier kommt es in der Praxis immer wieder zu Missverständnissen. Arbeitnehmer und Arbeitgeber einigen sich auf ein Bruttogehalt und beide fühlen sich gut. Doch spätestens, wenn die Gehaltsabrechnung da ist, werden beide unzufrieden.

Vereinbart wurden 2.000 Euro und davon erhält Ihr Arbeitnehmer gerade mal 1.300 Euro und Sie zahlen inkl. aller Nebenkosten 2.500 Euro, denn der Arbeitgeber hat viele Pflichten:

Arbeitgeberpflichten

Arbeitgeber müssen

- die Sozialversicherungsbeiträge ermitteln,
- die Höhe der Lohnsteuer ermitteln,
- vom Bruttolohn ggf. den Arbeitnehmeranteil zur Sozialversicherung und die Lohnsteuer abziehen,
- an den Mitarbeiter den Nettolohn überweisen,
- zusätzlich Umlagen an die Krankenkasse oder Bundesknappschaft (Minijobber) zahlen und
- Beiträge an die gesetzliche Unfallversicherung leisten.

Das heißt im Fall unseres Arbeitnehmers:

Abzüge bei Arbeitnehmer und Kosten für den Arbeitgeber

Verdienst Arbeitnehmer und Abzüge		**Kosten Arbeitgeber**	
Bruttogehalt	2.000 Euro	Bruttogehalt	2.000 Euro
- AN-Anteil Sozialversicherung	- 400 Euro	+ AG-Anteil Sozialversicherung	+ 400 Euro
- Lohnsteuer	- 300 Euro	+ Umlagen	+ 50 Euro
		+ gesetzliche Unfallversicherung	+ 50 Euro
= Nettogehalt	1.300 Euro	Kosten Arbeitgeber	2.500 Euro

Durch Steuern und viele Versicherungen wird aus einem vereinbarten Bruttogehalt von 2.000 Euro ein Nettogehalt für den Arbeitnehmer von 1.300 Euro und Kosten für den Arbeitgeber von 2.500 Euro.

- **Abzüge beim Arbeitnehmer:** Der Arbeitnehmer erhält zwar nur ein Nettogehalt, hat allerdings seine Steuern und einen großen Teil seiner gesetzlich vorgeschriebenen Vorsorge bezahlt.

Steuern und Sozialabgaben

- **Kosten des Arbeitgebers:** Der Arbeitgeber zahlt nicht nur das Gehalt, sondern muss sich laut Gesetz zusätzlich an der Vorsorge des Arbeitnehmers beteiligen. Das ist der Arbeitgeberanteil zur Sozialversicherung. Bei Krankheit, Mutterschutz und Arbeitsunfall ist der Arbeitgeber verpflichtet, Löhne und Gehälter weiter zu zahlen. Dafür gibt es Versicherungen, die bestimmte Arbeitgeber abschließen und alleine bezahlen müssen, wie Umlagen und die gesetzliche Unfallversicherung.

Beteiligung des Arbeitgebers

Arbeitgeber muss Sozialversicherungen abführen

Als Arbeitgeber/in sind Sie dafür verantwortlich, wenn Sozialversicherung oder Lohnsteuer anfällt, diese an die entsprechenden Stellen zu zahlen. Muss Ihr Arbeitnehmer sich daran beteiligen, ist es Ihre Aufgabe, das Geld vom Bruttolohn einzubehalten und an den Arbeitnehmer lediglich den Nettolohn auszuzahlen. Im Falle einer Prüfung wird immer der Arbeitgeber in die Pflicht genommen und im Streitfall dürfen Sie maximal für die letzten drei Monate nicht abgezogene Steuern und Beiträge vom Arbeitnehmer nachverlangen.

Werbekosten

Werbekosten sind Betriebsausgaben

Neben Briefbögen, Prospekten und Katalogen, bietet z. B. auch das Internet bzw. Ihr Internetauftritt gute Werbemöglichkeiten. Grundsätzlich werden Werbekosten als Betriebsausgabe anerkannt.

Abschreibung von Anlagevermögen

Fallen allerdings größere Anschaffungskosten an, kann es sich auch um Anlagevermögen handeln, das entsprechend der vorgeschriebenen Nutzungsdauer abgeschrieben wird. Dazu zählen:

- Schaukästen
- Messestände
- Bauschilder
- Ausstellungsregale, Displays
- Internetauftritte

Die Kosten für einen Internetauftritt bzw. Ihre Website müssen Sie über drei Jahre linear abschreiben. Laufende Kosten für die Aktualisierung und die Wartung können Sie sofort als Betriebsausgaben ansetzen. Die Fahrzeugbeschriftung zu Werbezwecken ist sofort als Betriebsausgabe abzugsfähig.

Internetauftritt

Aber das ist leider noch nicht alles! Haben Sie für Ihre Prospekte einen selbstständigen Werbetexter oder für die Erstellung und Aktualisierung Ihrer Website einen Webdesigner engagiert, müssen Sie sehr wahrscheinlich die „Künstler-Sozialabgabe" zahlen. Diese Abgabe beträgt 4,9 % vom Rechnungsbetrag ohne Umsatzsteuer (5,1 % im Jahr 2007).

Künstler-Sozialabgabe

Künster-Sozialabgabe

Sie erhalten eine Rechnung für die Erstellung Ihrer Website in Höhe von 1.785 Euro inkl. 19 % USt. Dafür müssen Sie eine Künstler-Sozialabgabe in Höhe von 73,50 Euro (1.500 × 4,9 %) bezahlen.

Wer Künstler und Publizisten nicht nur gelegentlich engagiert bzw. beauftragt und deren Werke und Leistungen verwertet, muss die Künstler-Sozialabgabe zahlen. Typische Verwerter, wie Verlage, Theater, Musikproduzenten und viele mehr, kennen die Künstler-Sozialabgabe und führen diese regelmäßig ab. Was aber viele gar nicht wissen, ist, dass Unternehmen, die für Ihre Eigenwerbung Webdesigner oder Werbetexter engagieren, ebenfalls abgabepflichtig sind.

Ausnahme! Für engagierte Kapitalgesellschaften, wie die Grafik AG oder die Webdesigner GmbH sowie für angestellte Künstler oder Publizisten ist diese Abgabe nicht zu zahlen.

Künstler-Sozialabgabe: Meldung bis zum 31. März

Spätestens zum 31. März jeden Jahres müssen Sie die Vorjahressumme aller Rechnungen von selbstständigen Künstlern oder Publizisten an die Künstler-Sozialkasse melden und die Abgabe bezahlen. Das gilt für deutsche und ausländische Künstler und Publizisten gleichermaßen. Die Künstler-Sozialkasse finanziert aus dieser Abgabe die Zuschüsse zur Rentenversicherung, die sie ihren Versicherten zahlt.

Sollte Ihr Unternehmen davon betroffen sein, finden Sie alle wichtigen Informationen im Internet-Portal der Künstler-Sozialkasse unter www.kuenstlersozialkasse.de.

Vergleich steuerlicher Gewinn und Kassenbestand

In der Kasse befinden sich noch 31.853 Euro. Ihr Gewinn beträgt 20.041,80 Euro. Diese Ergebnisse weichen auf den ersten Blick nicht weit voneinander ab. Aber denken Sie daran, dass Sie noch ein Darlehen zurückzahlen müssen und Ihr Auto inzwischen ein Gebrauchtwagen ist. Außerdem ist da noch das **Finanzamt** und möchte die Umsatzsteuer von Ihnen.

Wenn Sie morgen Ihr Unternehmen schließen, könnte es wie folgt aussehen: Sie zahlen die Umsatzsteuer an das Finanzamt, verkaufen Ihr Auto und zahlen das Darlehen zurück. Nach der Gegenüberstellung von Vermögen (81.853,00 Euro) und Schulden (82.496,60 Euro) bleibt ein Fehlbetrag von 643,00 Euro übrig. Ja, und das Finanzamt spricht von 20.041,80 Euro Gewinn.

Vermögen

Verkauf Kfz	ca. 50.000,00 Euro
Kassenbestand	+ 31.853,00 Euro
Summe	81.853,00 Euro

Schulden

Restdarlehen	80.000,00 Euro
USt.-Zahllast	+ 2.496,60 Euro
Summe	82.496,60 Euro
Fehlbetrag	- 643,60 Euro

Wie kann das passieren? Privatentnahmen sind entnommener Gewinn.

Private Krankenversicherung	+ 3.000,00 Euro
Miete Privatwohnung abzgl. Arbeitszimmer	+ 10.200,00 Euro
Privatentnahme	+ 3.000,00 Euro
Privatnutzung Kfz, brutto	+ 3.732,00 Euro
Privatnutzung Telefon, brutto	+ 285,60 Euro
Privateinlagen, Kosten Privatwagen	- 900,00 Euro
Reisekosten nicht abzugsfähig (952–684)	+ 268,00 Euro
Telefonkosten Privatanschluss nicht abzugsfähig (714–214,20)	+ 499,80 Euro
Gesamt	20.085,40 Euro

Ihr Gewinn beträgt 20.041,80 Euro (19.441,80 Euro + 600,00 Euro). Sie haben bereits 20.085,40 Euro entnommen. Ja, daran müssen Sie denken!

Wahl der Gewinnermittlungsart

Das war es zunächst mit Ihren Belegstapeln. Ihre Gewinnermittlung für das **Finanzamt** ist fast fertig. Bevor wir aber zur Abrechnung mit den Finanzämtern kommen, müssen wir noch einen Exkurs machen. Vielleicht haben Sie ja schon davon gehört, dass es zwei verschiedene Gewinnermittlungsarten gibt:

- Einnahme-Überschussrechnung
- Gewinn- und Verlustrechnung mit Bilanz

Was wir bisher in Ihre Gewinnermittlung eingetragen haben, gilt für beide Gewinnermittlungsarten. Trotzdem gibt es noch ein paar bedeutende Unterschiede, die ich Ihnen jetzt erklären werde.

Nur eine Gewinnermittlungsart anwenden

Zur Berechnung des Betriebsergebnisses wird nur eine der Gewinnermittlungsarten angewendet. Man muss also pro Unternehmen nur eine Gewinnermittlungsart näher kennenlernen.

Gewinnermittlung

Einnahme-Überschussrechnung **oder** Gewinn- und Verlustrechnung mit Bilanz

Nur eine ist möglich!

Wer macht was? Unternehmen ist nicht zur Buchführung verpflichtet (z. B. Freiberufler, Kleinbetriebe).

Einnahme-Überschussrechnung
↓
keine Buchführungspflicht

Unternehmen ist zur Buchführung verpflichtet (z. B. Großbetriebe, GmbH, AG).

Gewinn- und Verlustrechnung mit Bilanz
↓
Buchführungspflicht

Wer ist zur Buchführung verpflichtet?

Alle Unternehmen, die im Handelsregister eingetragen sind. Außerdem sind nicht eingetragene Unternehmen, die eine der folgenden Grenzen überschreiten, zur Buchführung verpflichtet:

- Umsatz jährlich mehr als 500.000 Euro (350.000 Euro bis 2006)
- Gewinn mehr als 50.000 Euro (30.000 Euro bis 2007)

Man kann jederzeit freiwillig Bücher führen, d. h. freiwillig bilanzieren.

Einnahme-Überschussrechnung	Gewinn- und Verlustrechnung mit Bilanz
z. B. Freiberufler immer sowie nicht im Handelsregister eingetragene Kleinbetriebe	z. B. GmbH und AG immer sowie alle Unternehmen, die eine der oben genannten Grenzen überschreiten, egal, ob sie im Handelsregister eingetragen sind.

Einnahme-Überschussrechnung

Hier handelt es sich um eine einfache Gegenüberstellung von Betriebseinnahmen und Betriebsausgaben.

Die erste Besonderheit: Betriebseinnahmen und Betriebsausgaben werden dann erfasst, wenn das Geld dafür tatsächlich geflossen ist (Bank, Kasse), unabhängig vom Jahr, in das sie wirtschaftlich gehören. 1. Besonderheit

Es gibt keinen Warenbestand, alle eingekauften Waren sind zum Zeitpunkt der Zahlung Betriebsausgabe. Das Gleiche gilt für geleistete Anzahlungen. Erhaltene Anzahlungen sind zum Zeitpunkt des Geldeingangs Betriebseinnahmen.

Später bezahlte Lieferantenrechnung !

Sie bezahlen eine Lieferantenrechnung vom Dezember erst im Januar. Diese Rechnung ist erst im Januar, also im neuen Jahr, eine Betriebsausgabe, da erst im Januar das Geld fließt. Das Zahlungsdatum ist wichtig!

	Betriebseinnahmen (gezahlt im Jahr 2008)
–	Betriebsausgaben (gezahlt im Jahr 2008)
=	Gewinn oder Verlust im Jahr 2008

2. Besonderheit

Die zweite Besonderheit: Umsatzsteuer, Vorsteuer, Umsatzsteuernachzahlung, Umsatzsteuererstattung sind in dem Moment Betriebseinnahmen oder Betriebsausgaben, wenn sie bezahlt werden.

Vorsteuer als Betriebsausgabe

Die eingenommene Umsatzsteuer ist Betriebseinnahme und die gezahlte Vorsteuer ist Betriebsausgabe. Zahlen Sie Ihre Umsatzsteuerschulden an das Finanzamt, tätigen Sie eine Betriebsausgabe, allerdings nur in dem Jahr, in dem sie gezahlt wurde.

Weitere Bestandteile der Gewinnermittlung:

- **Betriebseinnahme:** Umsatzsteuer, Umsatzsteuererstattung
- **Betriebsausgabe:** Vorsteuer, Umsatzsteuernachzahlung

Einnahme-Überschussrechnung erstellen

Angenommen, das Unternehmen im Beispiel ist nicht buchführungspflichtig. Es ist nicht im Handelsregister eingetragen und hat im ersten Geschäftsjahr keine dieser Grenzwerte für Betriebsvermögen, Umsatz oder Gewinn überschritten. In diesem Fall müssen Sie für das Unternehmen im Beispiel eine Einnahme-Überschussrechnung machen.

Was ist noch zu tun?

In Ihren Belegstapeln haben Sie nur Rechnungen gefunden, die Sie auch im ersten Geschäftsjahr gezahlt haben. Alle Betriebseinnahmen und Betriebsausgaben können also so stehen bleiben.

Gewinnermittlung			
Betriebseinnahmen			
	Umsatzsteuer	**Nettobeträge**	
Warenverkauf	38.000,00	200.000,00	
Privatnutzung Telefon + USt.	45,60	240,00	
Privatnutzung Kfz + USt.	532,00	2.800,00	
Privatnutzung Kfz ohne USt.		400,00	
	38.577,60		203.440,00
Betriebsausgaben			
	Vorsteuer	**Nettobeträge**	
Materialeinkauf	17.100,00	90.000,00	
Zinsen		6.500,00	
Betriebsversicherungen		8.000,00	
Miete		24.000,00	
Arbeitszimmer		1.800,00	
Bewirtung 70 %	380,00	1.400,00	
Bewirtung 30 %		600,00	
Geschenke bis 35 Euro	171,00	900,00	
Telefonkosten	380,00	2.000,00	
Telefonkosten Privatanschluss		214,20	
Abschreibung Kfz	11.400,00	10.000,00	
Kfz-Reparaturen, Benzin	760,00	4.000,00	
Kfz-Versicherung, Steuern		2.000,00	
Fahrten Privatwagen		900,00	
Verpflegungsmehraufwand		684,00	
Übernachtungskosten	190,00	1.000,00	
Fremdarbeiten	5.700,00	30.000,00	
	36.081,00		183.998,20
Gewinn			19.441,80
nicht abzugf. Bewirtungskosten			600,00
zu versteuernder Gewinn			20.041,80
Umsatzsteuer-Zahllast	2.496,60		

Umsatz- und Vorsteuer

Jetzt zur Umsatz- und Vorsteuer: Wir haben bis jetzt die Umsatzsteuer und Vorsteuer nur gesondert ausgewiesen. Bisher beeinflussen sie Ihren Gewinn nicht. Umsatz- und Vorsteuer kommen jetzt zu den Betriebseinnahmen und den Betriebsausgaben. Die eingenommene Umsatzsteuer ist Betriebseinnahme und die gezahlte Vorsteuer ist Betriebsausgabe.

Was passiert mit Ihrem Gewinn?

Gewinn vorher	20.041,80 Euro
Umsatzsteuer	38.577,60 Euro
– Vorsteuer	– 36.081,00 Euro
Gewinn nachher	22.538,40 Euro

In der folgenden Aufstellung sehen Sie, dass Sie noch 2.496,60 Euro Umsatzsteuer an das Finanzamt zahlen müssen. Das Geld geben Sie erst im nächsten Jahr aus, also ist es dann erst Betriebsausgabe.

Gewinnermittlung			
Betriebseinnahmen			
	Umsatzsteuer	**Nettobeträge**	
Warenverkauf	38.000,00	200.000,00	
Privatnutzung Telefon + USt.	45,60	240,00	
Privatnutzung Kfz + USt.	532,00	2.800,00	
Privatnutzung Kfz ohne USt.		400,00	
Umsatzsteuer		38.577,60	
	38.577,60		242.017,60

Betriebsausgaben			
	Vorsteuer	**Nettobeträge**	
Materialeinkauf	17.100,00	90.000,00	
Zinsen		6.500,00	
Betriebsversicherungen		8.000,00	
Miete		24.000,00	
Arbeitszimmer		1.800,00	
Bewirtung 70 %	380,00	1.400,00	
Bewirtung 30 %		600,00	
Geschenke bis 35 Euro	171,00	900,00	
Telefonkosten	380,00	2.000,00	
Telefonkosten Privatans.		214,20	
Abschreibung Kfz	11.400,00	10.000,00	
Kfz-Reparaturen, Benzin	760,00	4.000,00	
Kfz-Versicherung, Steuern		2.000,00	
Fahrten Privatwagen		900,00	
Verpflegungsmehraufwand		684,00	
Übernachtungskosten	190,00	1.000,00	
Fremdarbeiten	5.700,00	30.000,00	
Vorsteuer		36.081,00	
	36.081,00		220.079,20
Gewinn			21.938,40
nicht abzugf. Bewirtungskosten			600,00
zu versteuernder Gewinn			**22.538,40**
Umsatzsteuer-Zahllast	2.496,60		

So sieht sie aus, die Gewinnermittlung, die das Finanzamt haben möchte. Die Umsatzsteuerspalte ist nun weg, sie war nur für Sie zur besseren Übersicht.

Gewinnermittlung

Betriebseinnahmen		
	Nettobeträge	
Warenverkauf	200.000,00	
Privatnutzung Telefon + USt.	240,00	
Privatnutzung Kfz + USt.	2.800,00	
Privatnutzung Kfz ohne USt.	400,00	
Umsatzsteuer	38.577,60	
		242.017,60
Betriebsausgaben		
	Nettobeträge	
Materialeinkauf	90.000,00	
Zinsen	6.500,00	
Betriebsversicherungen	8.000,00	
Miete	24.000,00	
Arbeitszimmer	1.800,00	
Bewirtung 70 %	1.400,00	
Bewirtung 30 %	600,00	
Geschenke bis 35 Euro	900,00	
Telefonkosten	2.000,00	
Telefonkosten Privatanschluss	214,20	
Abschreibung Kfz	10.000,00	
Kfz-Reparaturen, Benzin	4.000,00	
Kfz-Versicherung, Steuern	2.000,00	
Fahrten Privatwagen	900,00	
Verpflegungsmehraufwand	684,00	
Übernachtungskosten	1.000,00	
Fremdarbeiten	30.000,00	
Vorsteuer	36.081,00	
		220.079,20
Gewinn		21.938,40
nicht abzugf. Bewirtungskosten		600,00
zu versteuernder Gewinn		**22.538,40**

Existenzgründer, soweit sie nicht im Handelsregister eingetragen sind, fangen meist mit einer **Einnahme-Überschussrechnung** an. Überschreiten Sie irgendwann eine der vorher genannten Grenzen, werden sie sicher bald vom **Finanzamt** dazu **aufgefordert**, im Folgejahr Bücher zu führen und eine Bilanz aufzustellen.

Einnahme-Überschussrechner mit einem Umsatz über 17.500 Euro müssen das Formular „Anlage EÜR“ ausfüllen und der Einkommensteuererklärung beifügen. Unten sehen Sie das Formular, es ist bereits ausgefüllt.

Für das Beispiel muss eine Einnahme-Überschussrechnung erstellt werden. Das haben wir bereits erledigt und wir sind fertig mit der Gewinnermittlung. Sie haben einen Gewinn in Höhe von 22.538,40 Euro.

Formular EÜR und Anlagen

Das Formular EÜR sowie die dazugehörigen Anlagen finden Sie auf der beigelegten CD-ROM.

Name / Gesellschaft / Gemeinschaft / Körperschaft

Vorname

Anlage EÜR

Bitte für jeden Betrieb eine gesonderte Anlage EÜR einreichen!

1 **Steuernummer**

Nr. des Betriebs (lfd. Nr.)

77 | 07

99 | 15

Einnahmenüberschussrechnung

(Gewinnermittlung nach § 4 Abs. 3 EStG) für das **Kalenderjahr** bzw. **Wirtschaftsjahr**

1a 100 Art des Betriebs — Zuordnung zu Einkunftsart (siehe Anleitung) 105

Entnahme oder Veräußerung von Grundstücken / grundstücksgleichen Rechten

1b Im Kalenderjahr / Wirtschaftsjahr wurden Grundstücke / grundstücksgleiche Rechte entnommen oder veräußert — 120 — Ja = 1 oder Nein = 2

1. Gewinnermittlung — 99 | 20

Betriebseinnahmen

Zeile		Kz	EUR, Ct
2	Betriebseinnahmen als umsatzsteuerlicher **Kleinunternehmer**	111	
3	**Davon** aus Umsätzen, die in § 19 Abs. 3 Nr. 1 und Nr. 2 UStG bezeichnet sind — 119		*(weiter ab Zeile 8)*
4	Betriebseinnahmen als **Land- und Forstwirt,** soweit die Durchschnittssatzbesteuerung nach § 24 UStG angewandt wird	104	
5	**Umsatzsteuerpflichtige Betriebseinnahmen**	112	200.000,00
6	Umsatzsteuerfreie, nicht umsatzsteuerbare Betriebseinnahmen sowie Betriebseinnahmen, für die der Leistungsempfänger die Umsatzsteuer nach § 13b UStG schuldet	103	
7	Vereinnahmte Umsatzsteuer sowie Umsatzsteuer auf unentgeltliche Wertabgaben	140	38.577,60
8	Vom Finanzamt erstattete und ggf. verrechnete Umsatzsteuer	141	
9	Veräußerung oder Entnahme von Anlagevermögen	102	
10	Private Kfz-Nutzung	106	3.200,00
11	Sonstige Sach-, Nutzungs- und Leistungsentnahmen (z.B. private Telefonnutzung)	108	240,00
12	Auflösung von Rücklagen, Ansparabschreibungen und / oder Ausgleichsposten (Übertrag von Zeile 55)		0
13	**Summe Betriebseinnahmen**	159	242.017,60

Betriebsausgaben

99 | 25

Zeile		Kz	EUR, Ct
14	Betriebsausgabenpauschale **für bestimmte Berufsgruppen** bzw. Freibetrag nach § 3 Nr. 26 und 26a EStG *(weiter ab Zeile 46)*	190	
15	Sachliche Bebauungskostenpauschale (für Weinbaubetriebe) / Betriebsausgabenpauschale für **Forstwirte**	191	
16	**Waren, Rohstoffe und Hilfsstoffe einschl. der Nebenkosten**	100	90.000,00
17	Bezogene Leistungen (z.B. Fremdleistungen)	110	30.000,00
18	Ausgaben für eigenes Personal (z.B. Gehälter, Löhne und Versicherungsbeiträge)	120	
	Absetzung für Abnutzung (AfA)		
19	AfA auf unbewegliche Wirtschaftsgüter (ohne AfA für das häusliche Arbeitszimmer)	136	
20	AfA auf immaterielle Wirtschaftsgüter (z.B. erworbene Firmen-, Geschäfts- oder Praxiswerte)	131	
21	AfA auf bewegliche Wirtschaftsgüter (z.B. Maschinen, Kfz)	130	10.000,00
	Übertrag (Summe Zeilen 14 bis 21)		130.000,00

2007AnlEÜR301 – Nov. 2007 – 2007AnlEÜR301

Erstellt von Haufe Mediengruppe, Hindenburgstraße 64, 79102 Freiburg

Steuernummer

Zeile	Bezeichnung	Kz.	nicht abziehbar EUR Ct	Kz.	EUR Ct	Kz.	EUR Ct
	Übertrag (Summe Zeilen 14 bis 21)						130.000,00
22	Sonderabschreibungen nach § 7g Abs. 1 und 2 EStG a.F.					134	
23	Aufwendungen für geringwertige Wirtschaftsgüter					132	
24	Restbuchwert der im Kalenderjahr / Wirtschaftsjahr ausgeschiedenen Anlagegüter					135	
	Kraftfahrzeugkosten und andere Fahrtkosten						
25	Laufende und feste Kosten (ohne AfA und Zinsen)			140	6.000,00		
26	Enthaltene Kosten aus Zeilen 21, 25 und 32 für Wege zwischen Wohnung und Betriebsstätte			142 –			
27	**Verbleibender Betrag**				6.000,00	▶143	6.000,00
28 frei	Entfernungspauschale: Eintrag in Zeile 48a						
	Raumkosten und sonstige Grundstücksaufwendungen						
29	Abziehbare Aufwendungen für ein häusliches Arbeitszimmer (einschl. AfA lt. Zeile 7 des Anlageverzeichnisses und Schuldzinsen)					172	1.800,00
30	Miete / Pacht für Geschäftsräume und betrieblich genutzte Grundstücke					150	24.000,00
31	Sonstige Aufwendungen für betrieblich genutzte Grundstücke (ohne Schuldzinsen und AfA)					151	
	Schuldzinsen (§ 4 Abs. 4a EStG)		nicht abziehbar		abziehbar		
32	Finanzierung von Anschaffungs- / Herstellungskosten von Wirtschaftsgütern des Anlagevermögens			178	6.500,00		
33	Übrige Schuldzinsen	167		179			
	Übrige beschränkt abziehbare Betriebsausgaben (§ 4 Abs. 5 EStG)						
34	Geschenke	164		174	900,00		
35	Bewirtung	165	600,00	175	1.400,00		
36	Reisekosten, Aufwendungen für doppelte Haushaltsführung			173	1.684,00		
37	Sonstige (z.B. Geldbußen)	168		177			
38	**Summe Zeilen 32 bis 37 (abziehbar)**				10.484,00	▶	10.484,00
	Sonstige unbeschränkt abziehbare Betriebsausgaben						
39	Porto, Telefon, Büromaterial					192	2.214,20
40	Fortbildung und Fachliteratur					193	
41	Rechts- und Steuerberatung, Buchführung					194	
42	Übrige Betriebsausgaben					183	8.900,00
43	Gezahlte Vorsteuerbeträge					185	36.081,00
44	An das Finanzamt gezahlte und ggf. verrechnete Umsatzsteuer					186	
45	Bildung von Rücklagen und / oder Ausgleichsposten (Übertrag von Zeile 55)						0
46	**Summe Betriebsausgaben**					199	219.479,20

2007AnlEÜR302

2007AnlEÜR302

Erstellt von Haufe Mediengruppe, Hindenburgstraße 64, 79102 Freiburg

Steuernummer

Ermittlung des Gewinns

Zeile		Kz		EUR	Ct
47	Summe der Betriebseinnahmen (Übertrag aus Zeile 13)			242.017	60
48	abzüglich Summe der Betriebsausgaben (Übertrag aus Zeile 46)		–	219.479	20
	abzüglich **wie** Betriebsausgaben abziehbare Aufwendungen				
48a	– Entfernungspauschale	176	–		
48b	– erwerbsbedingte Kinderbetreuungskosten	184	–		
48c	– Investitionsabzugsbeträge nach § 7g EStG (Übertrag aus Zeile 55g)	187	–		0
49	**Gewinn / Verlust**	119		22.538	40

2. Ergänzende Angaben

Rücklagen und Ansparabschreibungen

99 27

Zeile		Kz	Bildung EUR	Ct	Kz	Auflösung EUR	Ct
50	Rücklagen nach § 6c i.V.m. § 6b EStG, R 6.6 EStR	187			120		
51	Ansparabschreibungen nach § 7g Abs. 3 bis 6 EStG a.F.				121		
52	Ansparabschreibungen für Existenzgründer nach § 7g Abs. 7 und 8 EStG a.F.				122		
53	Gewinnzuschlag nach § 6b Abs. 7 und 10 EStG, § 7g Abs. 5 und 6 EStG a.F.				123		
54	Ausgleichsposten nach § 4g EStG	191			125		
55	Gesamtsumme	190		0	124		0
			Übertrag in Zeile 45			Übertrag in Zeile 12	

Investitionsabzugsbeträge

Zeile	Lfd. Nr.	Einzelnes Wirtschaftsgut / Funktion des Wirtschaftsguts	Voraussichtliche Anschaffungs- / Herstellungskosten EUR	Ct	darauf entfallender Investitionsabzugsbetrag EUR	Ct
55a	1.					
55b	2.					
55c	3.					
55d	4.					
55e	5.					
55f	6. Summe weiterer Investitionsabzugsbeträge (Erläuterungen auf gesondertem Blatt)					
55g	Gesamtsumme					0
					Übertrag in Zeile 48c	

Entnahmen und Einlagen

99 29

Zeile		Kz	EUR	Ct
56	Entnahmen einschl. Sach-, Leistungs- und Nutzungsentnahmen	122		
57	Einlagen einschl. Sach-, Leistungs- und Nutzungseinlagen	123		

2007AnlEÜR303

2007AnlEÜR303

Erstellt von Haufe Mediengruppe, Hindenburgstraße 64, 79102 Freiburg

Ermittelt Ihr Unternehmen den Gewinn nach den Regeln der Einnahme-Überschussrechnung, erfahren Sie ab Seite 164, wie Sie Ihre Belege mithilfe eines Buchführungsprogramms erfassen können. Möchten Sie mehr über die Einnahme-Überschussrechnung erfahren, empfehle ich Ihnen mein Buch „Schnelleinstieg Einnahme-Überschussrechnung", siehe Literaturempfehlung.

Gewinn- und Verlustrechnung mit Bilanz

Nun zur anderen Gewinnermittlungsart: Gewinn- und Verlustrechnung mit Bilanz, ja oder nein?

Hier handelt es sich ebenfalls um eine Gegenüberstellung von

	Betriebseinnahmen
–	Betriebsausgaben
=	Gewinn oder Verlust

Zusätzlich zu dieser Gewinn- und Verlustrechnung wird eine **Bilanz** erstellt. Hier stehen sich **Vermögen und Schulden** des Unternehmens gegenüber. Man spricht auch von „Betriebsvermögensvergleich".

Betriebs-vermögens-vergleich

Bilanz und G+V stellen alle Gewerbetreibenden auf, die buchführungspflichtig sind oder es freiwillig tun.

Die erste Besonderheit: Betriebseinnahmen und Betriebsausgaben werden in dem Jahr erfasst, in das sie wirtschaftlich gehören, egal wann sie tatsächlich gezahlt wurden.

1. Besonderheit

Wirtschaftliche Zugehörigkeit

Wenn eine Lieferantenrechnung im Dezember einging und noch nicht bezahlt wurde, ist sie trotzdem im Dezember als Betriebsausgabe zu verbuchen. Allerdings werden die Schulden, die man gegenüber dem Lieferanten am Jahresende hat, in der Bilanz festgehalten.

Das Zahlungsdatum ist nicht wichtig!

Betriebseinnahmen	(gehört wirtschaftlich ins Jahr 2008)
– Betriebsausgaben	(gehört wirtschaftlich ins Jahr 2008)
= Gewinn oder Verlust 2008	

2. Besonderheit **Die zweite Besonderheit:** Die Umsatzsteuer ist ein durchlaufender Posten.

Umsatzsteuer, Vorsteuer

Die eingenommene Umsatzsteuer und die gezahlte Vorsteuer stehen nicht in der Gewinn- und Verlustrechnung.

Allerdings tauchen Schulden, die Sie gegenüber dem Finanzamt haben, in der Bilanz auf. In Ihrem Fall würden jetzt 2.496,60 Euro in der Position Schulden gegenüber den Finanzbehörden in der Bilanz stehen.

Weitere Bestandteile der Bilanz

- Umsatzsteuer = **Verbindlichkeiten** (Schulden)
- Umsatzsteuererstattung = **Forderungen**
- Vorsteuer = **Forderungen**

- Umsatzsteuernachzahlung = **Verbindlichkeiten** (Schulden)
- Warenbestand bis zum Verkauf = **Vorräte** (Vermögen)
- geleistete Anzahlungen bis zur Leistungserbringung = **Forderungen**
- erhaltene Anzahlungen bis zur Leistungserbringung = **Verbindlichkeiten**

Rückstellungen

Aufwendungen, die wirtschaftlich in das Abschlussjahr gehören, aber in ihrer Höhe noch nicht feststehen (§ 249 HGB).

Sie müssen gebildet werden für:

- ungewisse Verbindlichkeiten (zu erwartende Steuerzahlungen, Prozesskosten, Pensionsverpflichtungen),
- unterlassene Instandhaltungsaufwendungen, wenn sie innerhalb von drei Monaten nach dem Bilanzstichtag nachgeholt werden, z. B. Reparatur einer Maschine oder Dacherneuerung einer Lagerhalle,
- Gewährleistungen ohne rechtliche Verpflichtungen, z. B. Kulanzgewährleistungen,
- unterlassene Instandhaltungsaufwendungen, wenn sie innerhalb von drei Monaten des folgenden Geschäftsjahres nachgeholt werden,
- bestimmte Aufwendungen, die dem abgelaufenen Geschäftsjahr zuzuordnen sind (Großreparaturen, Werbekampagnen, Messen, Betriebsverlegungen).

Jetzt zurück zum Unternehmen des Beispiels. Was würde in dieser Bilanz stehen?

Aktiva

Ihr Auto, Ihr Kassenbestand, Waren, Vorräte und eventuelle Forderungen von Kunden.

Passiva

Ihr Darlehen von der Bank, die Umsatzsteuerschulden, eventuelle Verbindlichkeiten gegenüber Lieferanten.

Bilanz			
Aktiva (Vermögen)		**Passiva (Kapital)**	
Kfz		**Kapital**	
+ Anschaffung	+ 60.000,00 Euro	+ Gewinn	+ 19.441,80 Euro
- Abschreibung Kfz	- 10.000,00 Euro	- Privat (siehe Seite 139) -	20.085,40 Euro
Stand	50.000,00 Euro	Stand	- 643,60 Euro
Waren		**Darlehen**	
Stand	0,00 Euro	Stand vorher	100.000,00 Euro
Kasse		- Tilgung	- 20.000,00 Euro
Stand	31.853,00 Euro	Stand	80.000,00 Euro
		Verbindlichkeiten Finanzamt	
		+ Umsatzsteuer	+ 38.577,60 Euro
		- Vorsteuer	- 36.081,00 Euro
		Stand	2.496,60 Euro
Summe	**81.853,00 Euro**	**Summe**	**81.853,00 Euro**

Gewinn- und Verlustrechnung			
Aufwendungen		**Erlöse**	
Materialeinkauf	90.000,00 Euro	Erlöse	200.000,00 Euro
Zinsen	6.500,00 Euro	Privatnutzung Kfz	3.200,00 Euro
Versicherungen	8.000,00 Euro	Privatnutzung Telefon	240,00 Euro
Miete	24.000,00 Euro		
Arbeitszimmer	1.800,00 Euro		
Bewirtung 70 %	1.400,00 Euro		
Bewirtung 30 %	600,00 Euro		
Geschenke bis 35 Euro	900,00 Euro		
Telefonkosten	2.214,20 Euro		
Abschreibung Kfz	10.000,00 Euro		
Kfz-Kosten	6.000.00 Euro		
Fremdfahrzeuge	900,00 Euro		
Reisekosten	1.684,00 Euro		
Fremdarbeiten	30.000,00 Euro		
Gewinn	**19.441,80 Euro**		
Summe	203.440,00 Euro	Summe	203.440,00 Euro

Anlage zur Gewinn- und Verlustrechnung	
Gewinn laut Gewinn- und Verlustrechnung	19.441,80 Euro
+ nicht abzugsfähige Bewirtungskosten 30 %	+ 600,00 Euro
= zu versteuernder Gewinn	= 20.041,80 Euro

Wie gesagt, nur eine der beiden Gewinnermittlungsarten kann auf ein Unternehmen zutreffen.

Muss Ihr Unternehmen den Gewinn nach den Regeln der Bilanz mit Gewinn- und Verlustrechnung bzw. der doppelten Buchführung ermitteln, erfahren Sie ab Seite 163, wie Sie Ihre Belege mithilfe eines Buchführungsprogramms erfassen können.

Möchten Sie mehr über die doppelte Buchführung erfahren, empfehle ich Ihnen meine Bücher „Buchführung Trainer“ und später vielleicht „Schwierige Geschäftsvorfälle richtig buchen“, siehe Literaturempfehlung ab S. 239.

Umsatzsteuer abführen – Zeitpunkt

Sie kennen jetzt die beiden Gewinnermittlungsarten Einnahme-Überschussrechnung und Gewinn- und Verlustrechnung mit Bilanz. Nach einer dieser beiden Methoden müssen Sie Ihren Gewinn ermitteln für die Gewerbesteuer sowie die Einkommensteuer bzw. die Körperschaftsteuer (GmbH, AG, eG)

Das Umsatzsteuergesetz bietet bezüglich der Einnahmen auch zwei Versteuerungsmethoden.

Zwei Versteuerungsmethoden

- Versteuerung nach vereinnahmten Entgelten, d. h. Ist-Versteuerung
- Versteuerung nach vereinbarten Entgelten, d. h. Soll-Versteuerung

Vielleicht können Sie sich noch an den Erfassungsbogen vom Finanzamt erinnern, nachdem Sie Ihr Gewerbe angemeldet haben. In diesem Bogen müssen Sie die Versteuerungsart beantragen.

Hier geht es darum, zu welchem Zeitpunkt Sie die Umsatzsteuer, die Sie Ihrem Kunden in Rechnung gestellt haben, an das Finanzamt abführen müssen.

- Bei Abschluss des Auftrags = Soll-Versteuerung
- Bei Geldeingang = Ist-Versteuerung

Wer macht was?

Leider sind das Einkommensteuergesetz und das Umsatzsteuergesetz in diesem Fall nicht konform. Das Umsatzsteuergesetz sagt, Ist-Versteuerung darf anwenden, wer Freiberufler ist oder alle anderen Unternehmen mit einem Vorjahresumsatz unter 250.000 Euro. Für Unternehmen in den neuen Bundesländern liegt die Umsatzgrenze bis zum 31.12.2009 bei 500.000 Euro.

Varianten für Umsatz und Umsatzsteuer

Einnahme-Überschussrechnung und Ist-Versteuerung

Sie sind Freiberufler oder der Vorjahresumsatz Ihres Unternehmens lag unter 250.000 Euro und Ihr Gewinn unter 50.000 Euro im Jahr und Sie haben die Ist-Versteuerung beantragt.

- Betriebseinnahme in Gewinnermittlung bei Geldeingang
- Umsatzsteuer abführen bei Geldeingang

Einnahme-Überschussrechnung und Soll-Versteuerung

Sie sind kein Freiberufler und der Vorjahresumsatz Ihres Unternehmens lag über 250.000 Euro aber unter 500.000 Euro und Ihr Gewinn liegt unter 50.000 Euro im Jahr.

- Betriebseinnahme in Gewinnermittlung bei Geldeingang
- Umsatzsteuer abführen bei Abschluss des Auftrags

Gewinn- und Verlustrechnung mit Bilanz und Soll-Versteuerung

Sie sind zur Buchführung verpflichtet und der Vorjahresumsatz Ihres Unternehmens liegt über 250.000 Euro.

- Betriebseinnahme in Gewinnermittlung bei Abschluss des Auftrags
- Umsatzsteuer abführen bei Abschluss des Auftrags

Gewinn- und Verlustrechnung mit Bilanz und Ist-Versteuerung

Sie sind zwar zur Buchführung verpflichtet, aber Ihr Vorjahresumsatz liegt unter 250.000 Euro und Sie haben die Ist-Versteuerung beantragt.

- Betriebseinnahme in Gewinnermittlung bei Abschluss des Auftrags
- Umsatzsteuer abführen bei Geldeingang

Einige Buchführungsprogramme können auf diese Regelung reagieren. Mehr dazu im Kapitel „Schneller geht es mit einem Buchführungsprogramm."

Ausnahme: Vorsteuer

Datum des Rechnungseingangs

Bei der Vorsteuer zählt das Datum des Rechnungseingangs. In dem Jahr, in dem die Voraussetzungen für den Vorsteuerabzug vorliegen (einwandfreie Rechnung liegt vor und die Lieferung oder Leistung ist erbracht oder die Zahlung ist erfolgt), ist die Vorsteuer in die Umsatzsteuerformulare einzutragen, egal wann die Rechnung bezahlt wird.

Im Rahmen der Gewinn- und Verlustrechnung mit Bilanz werden alle Rechnungen erfasst, die wirtschaftlich in das Abschlussjahr gehören, d. h. alle abgeschlossenen Aufträge.

Ermitteln Sie dagegen Ihren Gewinn nach der Einnahme-Überschussrechnung, unterscheidet man:

- Betriebsausgabe in Gewinnermittlung bei Geldausgang
- Vorsteuer zurückfordern bei Rechnungseingang

In diesem Fall haben Sie im laufenden Jahr ein Wahlrecht, wann Sie die Vorsteuer zurückfordern, bei Rechnungseingang oder bei Zahlung.

Abrechnung am Jahresende

Spätestens am Jahresende müssen Sie die Vorsteuer aus den offenen Rechnungen, für die der Vorsteuerabzug möglich ist, in die Umsatzsteuerformulare des Abschlussjahres eintragen.

Sprechen Sie mit Ihrem Steuerberater, ob man in Ihrem Fall vielleicht darauf verzichten und die Vorsteuer erst im Folgejahr bei der Zahlung abziehen kann.

Ausnahme: Anzahlungen

Zahlungsdatum entscheidend

Die Ist-Versteuerung und die Soll-Versteuerung gelten nur für Schlussrechnungen. Bei Anzahlungen zählt immer das Zahlungsdatum.

- **Erhaltene Anzahlungen:** Fordern Sie von Ihrem Kunden eine Anzahlung, müssen Sie die enthaltene Umsatzsteuer erst abführen, wenn das Geld bei Ihnen eingeht.
- **Geleistete Anzahlungen:** Müssen Sie eine Anzahlung leisten, können Sie den Vorsteuerabzug erst vornehmen, wenn Ihnen eine einwandfreie Rechnung vorliegt und der Betrag gezahlt wurde. Fehlt die Rechnung, können Sie diese ersetzen durch folgendes Schreiben an Ihren Lieferanten: „Am ... haben wir den Betrag in Höhe von netto ... zuzüglich 19 % Umsatzsteuer ... auf Ihr Konto ... bei der Bank ... überwiesen."

Schneller geht's mit einem Buchführungsprogramm

In den vorherigen Kapiteln haben Sie Schritt für Schritt den Weg von einem Belegstapel zum vorläufigen Jahresergebnis ohne die Technik der Buchführung gesehen. Es werden alle Belege nach Einnahmen und Ausgaben getrennt und die Ausgaben in verschiedene Kategorien unterteilt (Kfz-Kosten, Miete, Lohn ...). Alle Belegstapel werden addiert und in der Gewinnermittlung zusammengefasst. Außerdem werden die Umsatz- und Vorsteuer herausgerechnet und gesondert aufgeführt (s. S. 147).

In diesem Kapitel lernen Sie die Praxis der Buchführung kennen. Hier geht es um eine elegantere Form der Belegerfassung des laufenden Jahres – also mithilfe eines Buchführungsprogramms.

Sortierung der Einnahmen und Ausgaben

Ein Buchführungsprogramm sortiert alle Einnahmen und Ausgaben in bestimmte Kategorien (Anlagevermögen, Warenverkauf, Materialeinkauf, Kfz-Kosten, Personalkosten, Privat) und macht daraus automatisch eine Gewinnermittlung.

Trennung von Umsatz- und Vorsteuer

Gleichzeitig trennt es Einnahmen: und Ausgaben von Umsatzsteuer und Vorsteuer. Es sammelt jeweils die Umsatzsteuer sowie die Vorsteuer auf eigenen Konten und erstellt eine Umsatzsteuer-Voranmeldung, die Sie dann online übermitteln können.

Mit Buchführungsprogrammen kann man nicht nur Bilanzen, sondern auch Einnahme-Überschussrechnungen erstellen, soweit die entsprechenden Einstellungen vorgenommen sind.

Komisch, es heißt Einnahme-Überschussrechnung, also **keine Buchführungspflicht**. Weshalb dann ein Buchführungsprogramm? Weil es damit schneller und leichter geht. Man muss die Daten nur richtig eingeben.

Erstellen Sie eine Gewinn- und Verlustrechnung mit Bilanz, unterliegen Sie der **Buchführungspflicht**!

Was heißt Buchführungspflicht?

Buchführungspflicht heißt, nach ganz klaren Richtlinien Einnahmen und Ausgaben sowie Vermögen und Schulden aufzustellen. Die Technik der Buchführung muss angewendet werden.

Die Buchführung ist eine Technik, um in den Bereichen Einnahmen, Ausgaben, Vermögen und Schulden Ordnung zu halten. Alle Buchführungsprogramme arbeiten mit dieser Technik der Buchführung. Man gibt die Daten nach einem bestimmten Schema ein und die Programme verarbeiten die Daten, so wie es sein soll.

Stopp! Das geht jetzt zu sehr in die Theorie der Buchführung, das überlassen wir lieber den Fachleuten.

- Wie bedient man so ein Programm?
- Welche Daten liefert es?

Das interessiert Sie sicher mehr!

Ausgewählt haben wir den Lexware buchhalter. Ein Buchführungsprogramm, das die Fachwelt aufgrund des hervorragenden Preis-Leistungs-Verhältnisses empfiehlt. Außerdem verfügt der Lexware buchhalter über Eingabemasken, die die Technik der Buchführung umgehen, und trotzdem liefert er Auswertungen, als hätte ein Fachmann gebucht. Auf Unterschiede bei Einnahme-Überschussrechnern und Bilanzierenden wird hingewiesen.

Basis: Lexware buchhalter

Unter www.lexware.de erhalten Sie die aktuelle Demoversion des Programms oder Sie fragen, ob Lexware Ihnen eine Vollversion vier Wochen zum Testen zusendet.

Belege richtig sortieren

Wir starten jetzt mit Ihren Belegen und schon hier gibt es Unterschiede zwischen Einnahme-Überschussrechnern und Bilanzierenden.

Belege bei Einnahme-Überschussrechnung

So sollten Sie Ihre Belege für die Eingabe sortieren.

Kontoauszüge und Barbelege sortieren

- Kontoauszüge von 0–100 aufsteigend in einen Ordner heften und alle Belege, die über die Bank abgewickelt wurden, hinter dem entsprechenden Kontoauszug ablegen.
- Haben Sie mehrere Bankkonten, brauchen Sie für jede Bank ein Fach im Ordner.

- Die Belege, die bar gezahlt oder eingenommen wurden, kommen in ein weiteres Fach. Die Barbelege werden nach Datum sortiert und zur besseren Übersicht nummeriert.

Belege bei Gewinn- und Verlustrechnung mit Bilanz

Die Belegsortierung bei Bilanzierenden ist etwas umfangreicher.

Rechnungen, Kontoauszüge und Kassenbelege sortieren

- Kundenrechnungen (Debitoren) von einem Monat sammeln und nach Datum aufsteigend ablegen.
- Lieferantenrechnungen (Kreditoren) von einem Monat sammeln und nach Datum aufsteigend ablegen.
- Kontoauszüge von 0–100 aufsteigend in einen Ordner heften.
- Barbelege (Kassenbelege) ebenfalls nach Datum sortieren und in einen Ordner heften.
- Ein Kassenbericht, in dem alle Einnahmen und Ausgaben erfasst werden, muss täglich geführt werden.

Gut, Ihre Unterlagen sind vorbereitet und bereit für die Eingabe in den Computer. Jetzt müssen Sie den Kontenplan kennenlernen.

Belege für die Eingabe vorbereiten

Was ist ein Kontenplan?

Alle Buchführungsprogramme arbeiten mit einem bestimmten Kontenplan. Ein Kontenplan ist systematisch aufgebaut. Er ist unterteilt in verschiedene Kategorien:

Kategorien des Kontenplans

- Anlagevermögen (Pkw, Computer, Maschinen)
- Umlaufvermögen (Kunden, Vorsteuer, Kasse, Banken, sonst. Forderungen)
- Eigenkapital (Barentnahmen, Privat)
- Fremdkapital (Lieferanten, Darlehen, Umsatzsteuer, sonst. Verbindlichkeiten)
- Betriebseinnahmen (Erlöse)
- Betriebsausgaben (Wareneinkauf, Raum-, Personal-, Kfz-Kosten, Zinsen)

Kontonummern für Kategorien

Die Kategorien haben Kontonummern, die vier- bis fünfstellig sind. Für jede Einnahme und Ausgabe gibt es eine Kontonummer. Gibt man diese zusammen mit dem Betrag in das Programm ein, weiß es sofort, worum es sich handelt. So kann das Programm den Betrag selbst zuordnen.

Möchte man mit dem Buchen beginnen, muss man sich für einen Kontenplan entscheiden. Es gibt viele unterschiedliche Kontenpläne – in jedem Unternehmen sieht er etwas anders aus.

Steuerberater nach Kontenplan fragen

Fragen Sie Ihren Steuerberater, mit welchem Kontenplan er arbeitet. Dann kann er beim Jahresabschluss Ihre Buchführungsdaten eins zu eins übernehmen.

Für unser folgendes Beispiel wählen wir den häufig verwendeten Kontenplan SKR 03 von DATEV (SKR – Spezialkontenrahmen).

Kontenübersichten

Auf der beigelegten CD-ROM finden Sie Kontenübersichten zum SKR 03 und SKR 04.

Wofür stehen die Kontonummern?

Erfassung auf zwei Konten

Jeder Geschäftsfall (z. B. Kunde zahlt Rechnung) wird auf zwei Konten erfasst.

- Wofür erhält man Geld? (Beispiel Warenverkauf)
- Wo geht das Geld ein? (Beispiel Kasse/Bank)

In diesem Fall werden also die Konten Warenverkauf und Bank angesprochen.

Kontonummer für Miete

Auf dem Bankauszug steht eine Ausgabe: Miete, 1.200 Euro. Man sucht nun die Kontonummer für Mieten. Es ist die Nummer 4210. Diese gibt man zusammen mit dem Datum und dem Betrag in das Programm ein.

Der Lexware buchhalter verfügt über Eingabemasken, in denen man nur ein Konto wählen muss. Das zweite Konto wählt das Programm automatisch. Das macht die Arbeit mit diesem Programm so einfach.

Beispiel ohne PC

Bei folgendem Beispiel handelt es sich um eine Buchführung vom Mai. Dieses Unternehmen hat eine Kasse und eine Bank. Am 1. Mai des Jahres beträgt der Bestand in der

- Kasse + 2.320 Euro
- Bank + 12.500 Euro

Der **Gewinn** oder **Verlust** sowie der Stand der Umsatzsteuer soll ermittelt werden.

Beispiel – Einnahme-Überschussrechnung

Wir haben hier die Bankauszüge und das Kassenbuch einer Firma. Tragen Sie bitte jetzt hinter die Belege jeweils die Kontonummer laut folgendem Kontenplan ein.

Auszug aus dem Kontenplan SKR 03 für EÜR	
0320	Pkw (Anlagevermögen = AV)
0420	Büroeinrichtung (AV)
0480	Geringwertige Wirtschaftsgüter bis 150 Euro (vorher 410 Euro) (AV)
0485	Wirtschaftsgüter über 150 Euro bis 1.000 Euro (AV)
1571	Vorsteuer 7 % (Betriebsausgaben = BA)
1575	Vorsteuer 16 % (BA)
1576	Vorsteuer 19 % (BA)
1000	Kasse (Umlagevermögen = UV)
1200	Bank (UV)
1900	Privatentnahmen Unternehmer/-in (Eigenkapital = EK)
1771	Umsatzsteuer 7 % (Betriebseinnahmen = BE)
1775	Umsatzsteuer 16 % (BE)
1776	Umsatzsteuer 19 % (BE)
1780	Umsatzsteuervorauszahlung (BE, BA)
8400	Erlöse 19 % (16 % bis 2006) (Warenverkauf) (BE)
8340	Erlöse 16% USt. (BE)
3400	Wareneinkauf 19 % USt. (16 % bis 2006) (BA)
3340	Wareneinkauf 16 % USt. (BA)
4110	Löhne (BA)
4190	Aushilfslöhne (BA)
4210	Mieten (BA)
4240	Gas, Strom, Wasser (BA)
4360	Versicherungen (BA)
4530	Kfz lfd. Kosten (Benzin) (BA)

Auszug aus dem Kontenplan SKR 03 für EUR	
4910	Porto (BA)
4920	Telefon (BA)
4930	Bürobedarf (BA)
4940	Zeitschriften, Bücher (BA)
4970	Nebenkosten des Geldverkehrs (Kontoführungsgebühr) (BA)
2110	Zinsen für kurzfristige Verbindlichkeiten (BA)

Das Kassenbuch

Datum	Anfangsbestand	+ 2.320,00	Kontonr.
05.05.	Kunde zahlt bar Erlöse 19 % USt.	+ 2.975,00	
14.05.	Porto (keine USt.)	– 59,50	
15.05.	Kauf von Büromaterial 19 % USt.	– 238,00	
22.05.	Wareneinkauf 19 % USt.	– 1.785,00	
25.05.	Aushilfslohn m. Müller	– 400,00	
27.05.	Fachliteratur 7 % USt.	– 192,00	
28.05.	Kunde zahlt bar Erlöse 19 % USt.	+ 3.570,00	
29.05.	Wareneinkauf 19 % USt.	– 4.760,00	
	Kassenstand 31.05.	+ 1.430,50	

Die Kontoauszüge

Datum	Anfangsbestand	+ 12.500,00	Kontonr.
02.05.	Miete Laden ohne USt.	– 2.000,00	
05.05.	Wareneinkauf 19 % USt.	– 4.760,00	
11.05.	Betriebshaftpflicht	– 660,00	
12.05.	Kunde zahlt, Erlöse 19 % USt.	+ 11.900,00	

15.05.	Kunde zahlt, Erlöse 19 % USt.	+ 5.950,00	
15.05.	Telefon Betrieb 19 % USt.	– 142,80	
20.05.	Stadtwerke, Strom 19 % USt.	– 120,00	
26.05.	Rechn. Computer 19 % USt.	– 3.570,00	
29.05.	Überweisung Gehalt Mai	– 3.000,00	
	Banksaldo 31.05.	+ 16.097,20	

Vergleichen Sie Ihre Antwort mit der Lösung auf S. 221 f.

Beispiel – Bilanz mit Gewinn- und Verlustrechnung

Wir haben hier die Kundenrechnungen sowie die Lieferantenrechnungen einer Firma. Weiterhin die Kontoauszüge einer Bank und das Kassenbuch. Tragen Sie bitte jetzt hinter die Beträge jeweils die Kontonummer laut folgendem Kontenplan für Bilanzierende ein.

Auszug aus dem Kontenplan SKR 03 für Bilanz	
0320	Pkw (Anlagevermögen = AV)
0420	Büroeinrichtung (AV)
0480	Geringwertige Wirtschaftsgüter bis 150 Euro (vorher 410 Euro) (AV)
0485	Wirtschaftsgüter über 150 Euro bis 1.000 Euro (AV)
1400	Forderungen (Umlaufvermögen = UV)
1571	Vorsteuer 7 % (UV)
1575	Vorsteuer 16 % (UV)
1576	Vorsteuer 19 % (UV)
1000	Kasse (UV)
1200	Bank (UV)
1900	Privatentnahmen Unternehmer/-in (Eigenkapital = EK)

Auszug aus dem Kontenplan SKR 03 für Bilanz	
0800	Kapital (EK)
1705	Darlehen (Fremdkapital = FK)
1700	Verbindlichkeiten (FK)
1771	Umsatzsteuer 7 % (FK)
1775	Umsatzsteuer 16 % (FK)
1776	Umsatzsteuer 19% (FK)
1780	Umsatzsteuervorauszahlung (FK)
8400	Erlöse 19 % (16 % bis 2006) USt. (Betriebseinnahme = BE)
8340	Erlöse 16 % USt. (BE)
8820	Erlöse Abgang Anlagevermögen (BE)
3400	Wareneinkauf 19 % USt. (16 % bis 2006) (Betriebsausgabe = BA)
3340	Wareneinkauf 16 % USt. (BA)
4110	Löhne (BA)
4190	Aushilfslöhne (BA)
4210	Miete (BA)
4240	Strom, Gas, Wasser (BA)
4360	Versicherungen (BA)
4910	Porto (BA)
4920	Telefon (BA)
4930	Bürobedarf (BA)
4940	Zeitschriften, Bücher (BA)
11001	Kunde Maier (Debitoren)
11005	Kunde Schmitt (Debitoren)
70001	Lieferant Jäger (Kreditoren)

Die Kunden- und Lieferantenrechnungen

Datum	Kundenrechnungen (Debitoren)	Betrag	Kundenkto. Soll	Erlöskto. Haben
04.05.	Kunde Schmitt, Rg 115 Erlöse 19 %	11.900,00		
12.05.	Kunde Maier, Rg 116 Erlöse 19 %	5.950,00		
20.05.	Kunde Schmitt, Rg 117 Erlöse 19 %	7.140,00		
Datum	**Lieferantenrechnungen (Kreditoren)**	**Betrag**	**Kostenkto. Soll**	**Lieferantenkto. Haben**
05.05.	Lieferant Jäger, Rg 9827 Wareneinkauf 19 %	4.760,00		
25.5.	Lieferant Jäger, Rg 9901 Wareneinkauf 19 %	5.355,00		

Das Kassenbuch

Datum	Anfangsbestand	2.320,00	Konto-Nr.
05.05.	Kunde zahlt bar Erlöse 19 % USt.	+ 2.975,00	
14.05.	Porto ohne USt.	– 59,50	
15.05.	Kauf Büromaterial inkl. 19 % USt.	– 238,00	
22.05.	Wareneinkauf bar inkl. 19 % USt.	– 1.785,00	
25.05.	Aushilfslohn Müller	– 400,00	
27.05.	Fachliteratur inkl. 7 % USt.	– 192,00	
28.05.	Kunde zahlt bar Erlöse 19 % USt.	+ 3.570,00	
29.05.	Wareneinkauf bar inkl. 19 % USt.	– 4.760,00	
	Kassenstand 31.05.	1.430,50	

Die Kontoauszüge

Datum	Anfangsbestand	12.500,00	Konto-Nr.
04.05.	Miete Laden ohne USt.	– 2.000,00	
05.05.	Zahlung an Lieferant Jäger Rechnung 9827	– 4.760,00	
11.05.	Betriebshaftpflichtversicherung Rechnung 4260	– 660,00	
12.05.	Kunde Schmitt zahlt Rechnung 115	+ 11.900,00	
15.05.	Kunde Maier zahlt Rechnung 116	+ 5.950,00	
18.05.	Telefon Betrieb inkl. 19 % USt.	– 142,80	
20.05.	Stadtwerke, Strom inkl. 19 % USt.	– 120,00	
26.05.	Rechnung Computer inkl. 19 % USt.	– 3.570,00	
29.05.	Überweisung Löhne Mai	– 3.000,00	
	Banksaldo 31.05.	16.097,20	

Vergleichen Sie Ihre Antwort mit der Lösung auf Seite 222!

Gut gemacht! Sie haben die Kontonummern aus dem Kontenplan hinter die einzelnen Zahlen geschrieben. In der Fachsprache heißt das „kontieren".

Glückwunsch! Sie haben kontiert

Der nächste Schritt ist die Eingabe in den Computer und schon ist die Buchführung erledigt. Dann sind alle Auswertungen zum Druck bereit.

Firma anlegen im Programm Lexware buchhalter

Ich stelle Ihnen das Buchführungsprogramm Lexware buchhalter vor. Es ist so aufgebaut, dass Sie ganz einfach und sicher buchen können. Sogar, ohne die Technik der Buchführung zu beherrschen.

Das Programm verfügt über einige Kontrollfunktionen, sodass Sie nicht so leicht Fehler machen können.

! Lassen sie Ihre Buchführung kontrollieren

Beherrschen Sie die Technik der Buchführung nicht, sollten Sie die Auswertungen der Buchführung hin und wieder von Fachleuten kontrollieren lassen. Das ist sicherer. Ein guter Steuerberater hilft gerne dabei.

Name, Adresse

Unter dem Menüpunkt **Datei** ➨ **Neu** ➨ **Firma** legen Sie Ihr Unternehmen im Programm an. Hier werden Angaben wie Name und Adresse eingetragen.

EÜR oder GuV?

Außerdem müssen Sie ankreuzen, ob Sie eine Einnahme-Überschussrechnung oder eine Gewinn- und Verlustrechnung mit Bilanz (Betriebsvermögensvergleich) erstellen möchten.

Klicken Sie mit der Maus auf **Weiter**.

Auf der nächsten Seite tragen Sie ein, mit welchem Buchungsjahr Sie beginnen möchten: Sie starten mit dem Jahr 2008.

Vorangegangene Jahre zuerst buchen !

Möchten Sie noch Belege aus vorangegangenen Jahren buchen, starten Sie mit dem Jahr 2006 bzw. 2007. Später ist es nicht mehr möglich, ältere Jahre voranzustellen.

Jetzt folgt die Auswahl des Kontenplans.

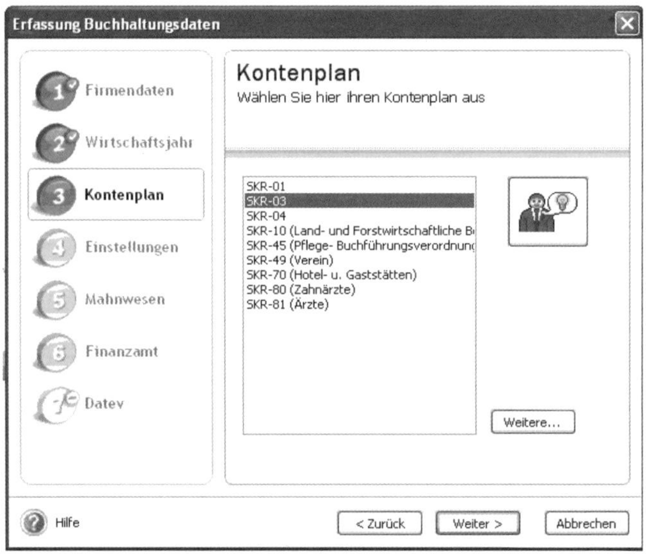

Grundsätzlich können Sie den Kontenplan frei wählen. Wir empfehlen Ihnen, sich mit Ihrem Steuerberater abzustimmen.

Für das Beispiel wählen wir den Kontenrahmen SKR 03. Die Felder „Umsatzsteuerpflicht", „Soll-Versteuerung" und „Unterschiedliche Belegnummernkreise für Kasse und Bank" bitte ankreuzen. Weitere Angaben sind für unser Beispiel nicht erforderlich.

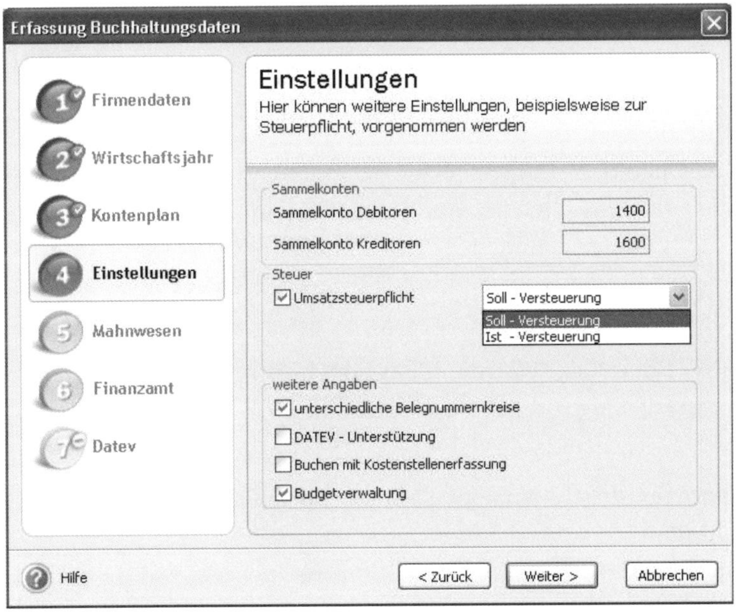

Soll- und Ist-Versteuerung auswählen

Buchen Sie mit Debitoren und Kreditoren, können Sie hier wählen, zu welchem Zeitpunkt die **Umsatzsteuer** in Ihrer Umsatzsteuer-Voranmeldung erscheint.

- Soll-Versteuerung– bei Abschluss des Auftrags
- Ist-Versteuerung – bei Zahlungseingang.

Die **Vorsteuer** dagegen erscheint in beiden Varianten bei Rechnungseingang in Ihrer Voranmeldung.

Fragen Sie ggf. Ihren Steuerberater, was auf Ihr Unternehmen zutrifft. Haben Sie sich entschieden und die Firma komplett angelegt, können Sie das Gewählte nicht ändern.

Zur Information!

Der Lexware buchhalter bietet neben der Buchhaltung auch die Möglichkeit der Kostenstellenerfassung sowie der Budgetverwaltung. Möchten Sie zunächst nur mit der Buchführung beginnen? Kein Problem, die beiden anderen Services können Sie später noch aktivieren.

Arbeitet Ihr Steuerberater mit dem Buchführungsprogramm von DATEV, müssen Sie „DATEV Unterstützung für den Datenexport" ankreuzen.

Die Angaben für das Finanzamt sind wichtig für die Umsatzsteuer-Voranmeldung.

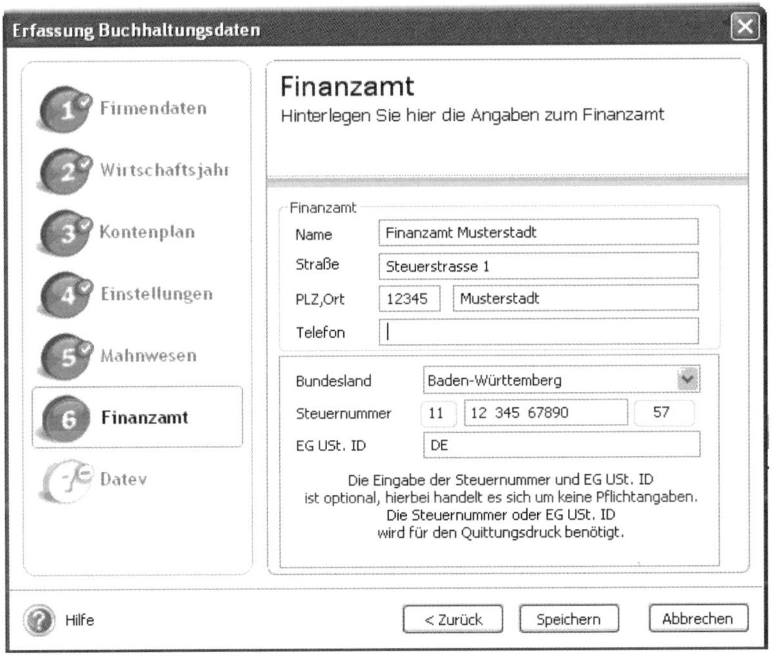

Jetzt ist die Firma angelegt. Unter dem Menüpunkt **Bearbeiten ➨ Firma bearbeiten** können Sie später die Angaben jederzeit ändern.

Bestimmte Änderungen nicht möglich

Achtung: Folgende Änderungen sind nicht möglich:

- Gewinnermittlungsart
- Erstes Buchungsjahr
- Kontenplan, Ist oder Soll-Versteuerung

In diesem Fall muss eine neue Firma angelegt werden.

Belegnummern im Programm erfassen

Vorbereitung der Eingabe

Belegnummern festlegen unter dem Menüpunkt **Verwaltung ➠ Belegnummern**.

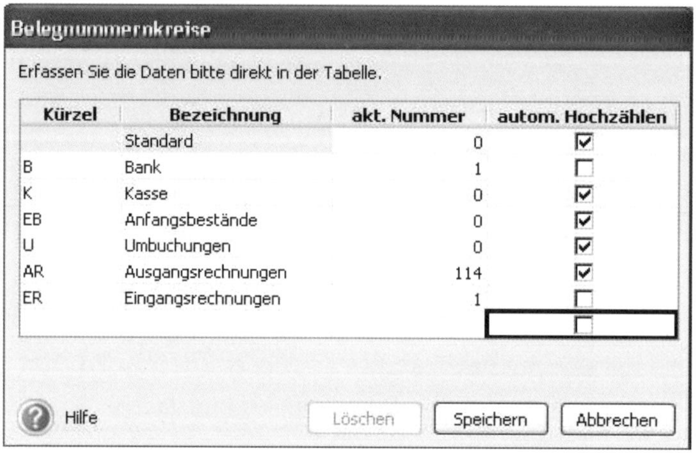

Belegnummernkreise können Sie festlegen, wenn Sie jeweils eigene Nummernkreise pro Bankkonto, Kasse, Ausgangsrechnungen oder Eingangsrechnungen führen möchten. Sie können die Belegnummern automatisch hochzählen lassen. Das ist für Kassenbelege von Vorteil.

Belegnummernkreise festlegen

Angenommen, Sie legen wie in der Abbildung Belegnummernkreise für Kasse „K", Bank „B" und „AR" Kundenrechnungen fest, dann können Sie beim Buchen unterscheiden, ob es sich um einen Kassenbeleg, einen Bankbeleg, eine Kunden- oder Lieferantenrechnung handelt. Im Journal steht dann nicht nur die jeweilige Belegnummer, sondern zusätzlich der Buchstabe „K, B, AR oder ER". So können Sie Ihre Buchungen im Journal schneller wieder.

Anfangsbestände eingeben

Wählen Sie die Buchungsmaske **Kasse.** Unter dem Menüpunkt **Buchen** ➠ **Einnahmen/Ausgaben** wird Ihnen folgende Liste gezeigt.

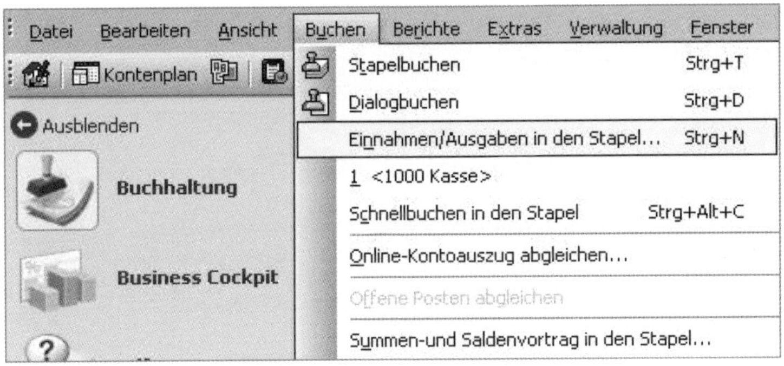

Wir starten mit der Kasse.

Anfangsbestand nur einmal eingeben

Den Anfangsbestand gibt man nur einmal ein, siehe Buchungsmaske.

- Ist der Anfangsbestand positiv: Konto 9000 = Einnahme
- Ist der Anfangsbestand negativ: Konto 9000 = Ausgabe

In diesem Beispiel ist der Kassenbestand positiv = 2.320 Euro.

Klicken Sie nach Eingabe der Daten auf **Buchen** und schon ist der Anfangsbestand gebucht.

Buchen der Kasse

Nun werden die einzelnen Einnahmen und Ausgaben des Beispiels erfasst. Sie geben das Datum, den Belegnummernkreis (K), die Belegnummer, den Buchungstext, den Betrag sowie die Kontonummer aus unserem vorigen Beispiel ein.

Zur Kontrolle schreibt das Programm den Text des ausgewählten Kontos dazu.

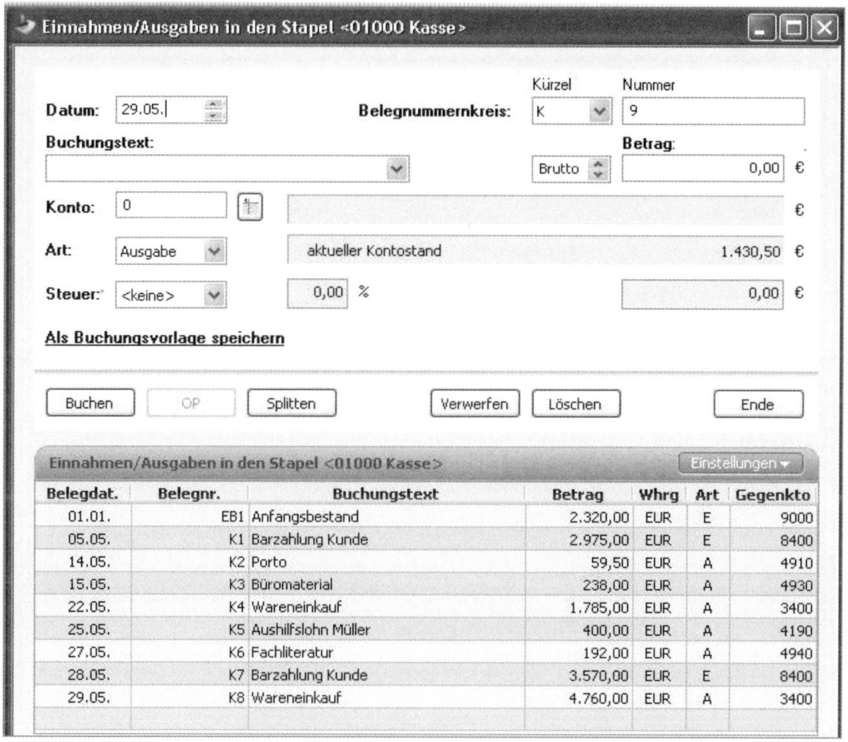

Kontrolle Kassenstand

Jetzt folgt eine wichtige Kontrolle. Sie müssen dem Programm sagen, ob es sich um eine Einnahme oder um eine Ausgabe handelt. Bei der ersten Buchung handelt es sich um Erlöse, also „Einnahme". Ist der erste Barbeleg gebucht, geht es weiter mit dem nächsten, bis der letzte Beleg gebucht ist. Sind alle Belege der Kasse gebucht, müssen Sie den Endbestand kontrollieren.

Konten finden im Kontenplan

Wissen Sie eine Kontonummer nicht, haben sie während der Eingabe die Möglichkeit, diese zu suchen.

Unter dem Menüpunkt **Ansicht** ➨ **Kontenplan** können Sie sich den Kontenplan anzeigen lassen.

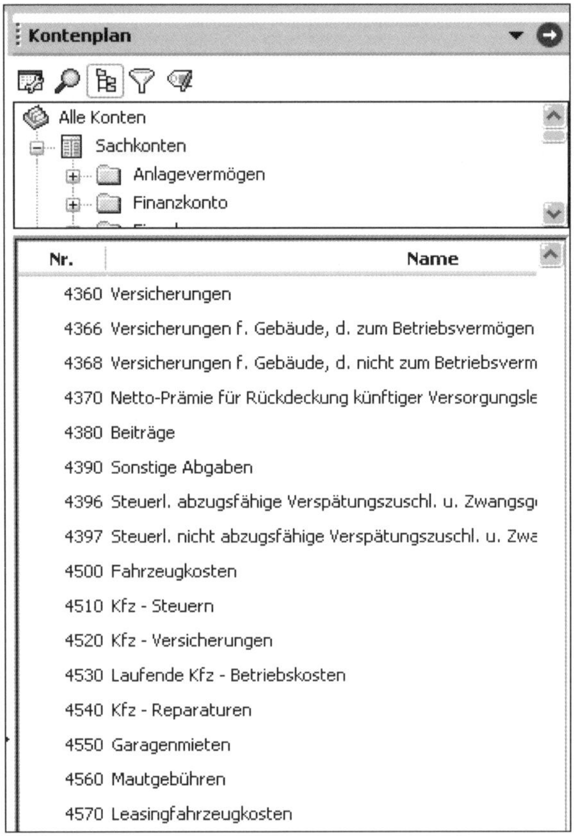

Klicken Sie mit der Maus auf **Name**, werden die Konten alphabetisch sortiert. Nun schreiben Sie einfach los, z. B. Porto. Schon ist das Konto gefunden. Klicken Sie mit der Maus auf **Nr.**, werden die Konten numerisch sortiert. Mit einem Doppelklick übernimmt das Programm das Konto in die Buchungsmaske.

Festlegen von Buchungsvorlagen

Das Programm verfügt über weitere Hilfen. Immer wiederkehrende Buchungen können Sie im Programm festlegen. Das spart eine Menge Zeit.

Erfassen Sie zum Beispiel einen Kassenbeleg „Benzin“ können Sie, bevor Sie auf „Buchen“ klicken, den Punkt „Als Buchungsvorlage speichern“ wählen. Dann öffnet sich folgendes Fenster.

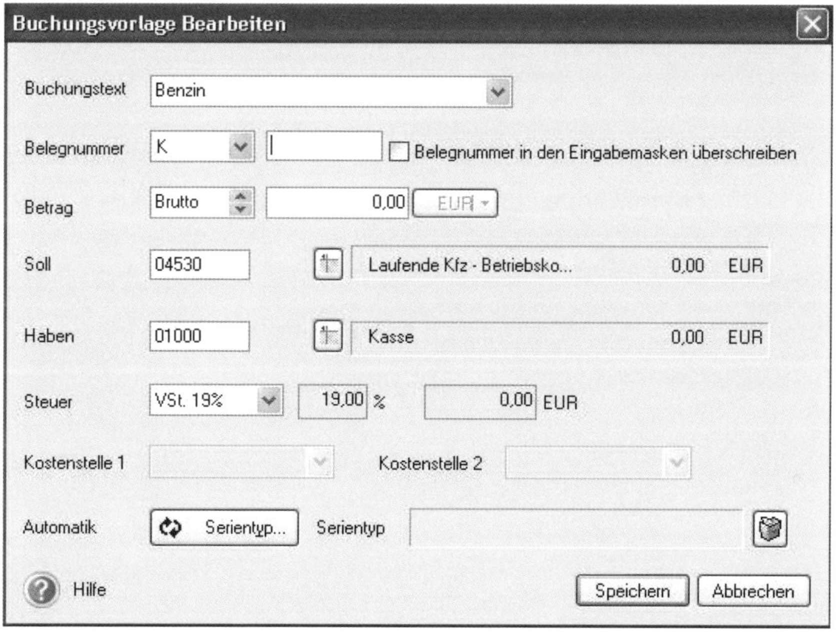

Da sich beim Benzin der Betrag häufig ändert, lassen Sie das Betragsfeld leer und speichern die Eingabe.

Die Buchungsvorlagen können Sie jederzeit ändern oder ergänzen unter dem Menüpunkt **Verwaltung ➡ Buchungsvorlagen.**

Ausgabe:	
Sollkonto	**Habenkonto**
Kostenkonto Privatentnahmen	Kasse/Bank oder leer
Einnahme:	
Sollkonto	**Habenkonto**
Kasse/Bank oder leer	Erlöskonto Privateinlagen

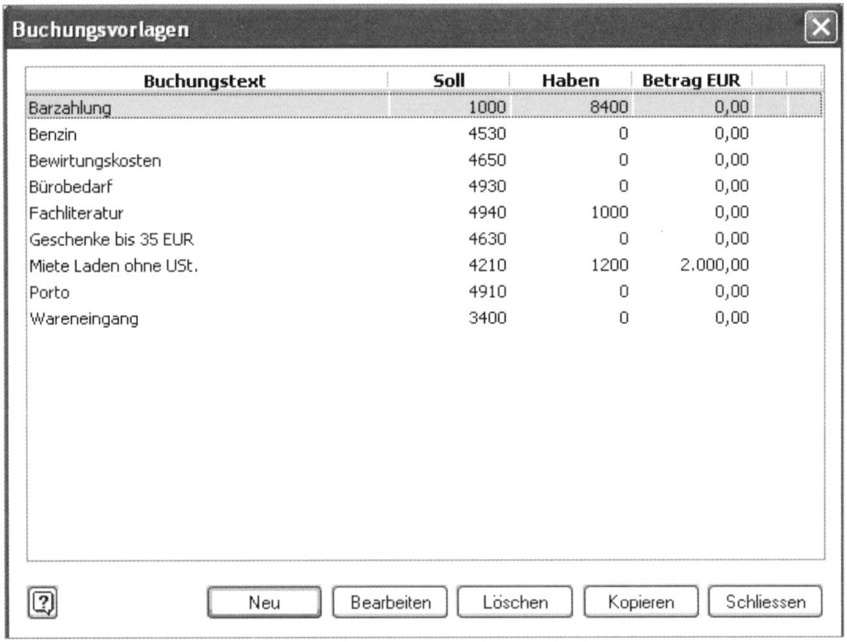

Buchungstext	Soll	Haben	Betrag EUR
Barzahlung	1000	8400	0,00
Benzin	4530	0	0,00
Bewirtungskosten	4650	0	0,00
Bürobedarf	4930	0	0,00
Fachliteratur	4940	1000	0,00
Geschenke bis 35 EUR	4630	0	0,00
Miete Laden ohne USt.	4210	1200	2.000,00
Porto	4910	0	0,00
Wareneingang	3400	0	0,00

Nun verwenden wir die Buchungsvorlage „Benzin" beim Buchen der Kasse.

Sind Sie beim Buchungstext angekommen, geben Sie keinen Text ein, sondern drücken Sie auf das Listensymbol neben der Eingabe.

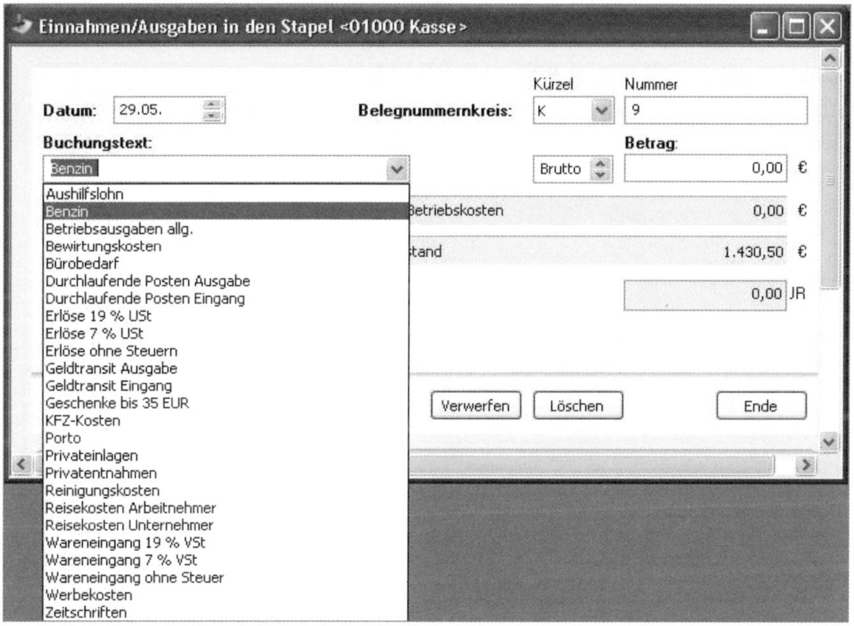

Jetzt wählen Sie die Position „Benzin“ aus. Der Lexware buchhalter schreibt die Kontonummer 4530 selbst in die Maske. Sie müssen nur noch den Betrag eingeben und schon ist die Buchung erledigt.

Außerdem besteht die Möglichkeit, sich von einem Fachmann die Buchungsvorlagen anlegen zu lassen. So müssen Sie sich nicht einmal die Kontonummern merken.

Buchungsvorlage schneller finden

Die Buchungsvorlage finden Sie noch schneller, indem Sie den Anfangsbuchstaben eingeben und die Cursortaste „Pfeil nach unten“ betätigen.

Weitere Buchungen – EÜR

Wählen Sie unter dem Menüpunkt **Buchen ➔ Einnahmen/Ausgaben ➔ Bank.**

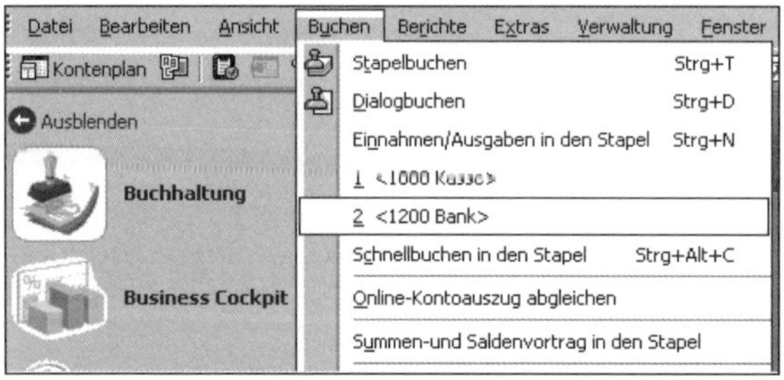

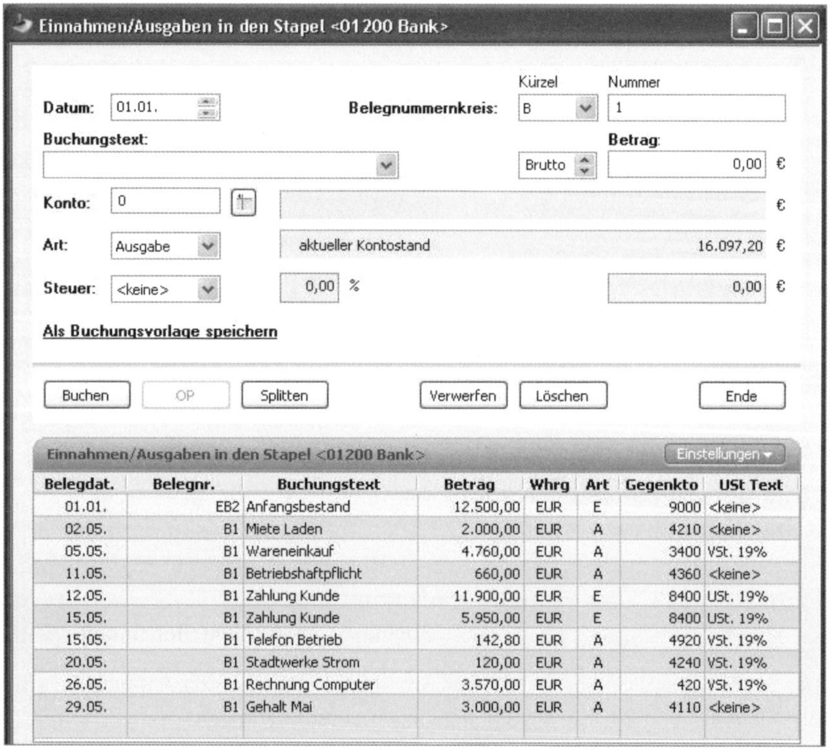

Belegdat.	Belegnr.	Buchungstext	Betrag	Whrg	Art	Gegenkto	USt Text
01.01.	EB2	Anfangsbestand	12.500,00	EUR	E	9000	<keine>
02.05.	B1	Miete Laden	2.000,00	EUR	A	4210	<keine>
05.05.	B1	Wareneinkauf	4.760,00	EUR	A	3400	VSt. 19%
11.05.	B1	Betriebshaftpflicht	660,00	EUR	A	4360	<keine>
12.05.	B1	Zahlung Kunde	11.900,00	EUR	E	8400	USt. 19%
15.05.	B1	Zahlung Kunde	5.950,00	EUR	E	8400	USt. 19%
15.05.	B1	Telefon Betrieb	142,80	EUR	A	4920	VSt. 19%
20.05.	B1	Stadtwerke Strom	120,00	EUR	A	4240	VSt. 19%
26.05.	B1	Rechnung Computer	3.570,00	EUR	A	420	VSt. 19%
29.05.	B1	Gehalt Mai	3.000,00	EUR	A	4110	<keine>

Für jede Position auf Ihrem Kontoauszug geben Sie folgende Daten ein: Datum (Buchungsdatum), Belegnummernkreis (B), Belegnummer (Auszug-Nr.), Buchungstext und den Betrag.

Oder Sie wählen eine fest angelegte Buchungsvorlage aus. In diesem Fall müssen Sie nur noch die fehlenden Daten eintragen. Bei der Buchung der Miete zum Beispiel müssen Sie nur das Datum und die Belegnummer eintragen, alles Weitere ist schon vorgegeben.

Wenn alle Kontoauszüge der Bank gebucht sind, müssen Sie den Endbestand kontrollieren.

Kontrollen

Bei der Eingabe müssen Sie also Folgendes kontrollieren:

- die Kontonummer
- Handelt es sich um eine Einnahme oder Ausgabe?

Außerdem

- Kontrolle des Vorsteuer- (VSt) bzw. des Umsatzsteuersatzes (USt.)

Umsatzsteuer und Vorsteuer nicht verwechseln

Achtung! Bei der Eingabe dürfen Sie USt. und VSt. nie verwechseln, sonst stimmt die Umsatzsteuervoranmeldung nicht.

Hinweis für Einnahme-Überschussrechner

Geschafft! Sie haben alle Belege so erfasst, wie es im Rahmen der Einnahme-Überschussrechnung notwendig und richtig ist. Ihre Gewinnermittlung sowie Ihre Umsatzsteuer-Voranmeldung sind zum Druck bzw. zur Ansicht bereit.

Freiwillig können Sie natürlich trotzdem Ihre Kunden- und Lieferantenrechnungen buchen. Dadurch können Sie die Zusatzfunktionen **Offene**

Posten Verwaltung, **Mahnwesen** und **Zahlungsverkehr** nutzen. In diesem Fall gehen Sie vor wie Bilanzierende und müssen den folgenden Abschnitt „Weitere Buchungen – Bilanz“ lesen.

Kundenrechnungen erfassen trotz EÜR

Buchen Sie Kundenrechnungen und ist Ihr Programm auf „Ist-Versteuerung" eingestellt, erscheinen diese Erlöse erst bei Zahlungseingang in Ihrer Einnahme-Überschussrechnung sowie in Ihrer Umsatzsteuer-Voranmeldung.

Unterliegen Sie der Soll-Versteuerung (und ist dies im Programm eingestellt), stimmt Ihre Umsatzsteuer-Voranmeldung. Allerdings müssen Sie am Jahresende für die Einnahme-Überschussrechnung die offenen Rechnungen von Ihren Erlösen abziehen.

Lieferantenrechnungen erfassen trotz EÜR

Wenn Sie Lieferantenrechnung erfassen, stimmt Ihre Umsatzsteuer-Voranmeldung. Allerdings müssen Sie am Jahresende für die Einnahme-Überschussrechnung die offenen Rechnungen von Ihren Ausgaben abziehen.

Weitere Buchungen – Bilanz

Kunden- und Lieferantenkonten anlegen – Bilanz

Der Lexware buchhalter ist mit einer „Offenen Posten-Verwaltung“ (OP-Verwaltung) ausgestattet. Damit sehen Sie auf Knopfdruck, welche Rechnungen noch nicht bezahlt wurden, also noch offen sind.

Um diese OP-Verwaltung nutzen zu können, müssen Sie für jeden Kunden und jeden Lieferanten ein eigenes Konto anlegen.

- Kunden = Debitoren
- Lieferanten = Kreditoren

Die Aufgabe auf S. 174 ff. soll gebucht werden, dazu müssen Sie zwei Debitoren- und ein Kreditorenkonto anlegen.

Unter dem Menüpunkt **Ansicht** ➨ **Kontenplan** öffnen Sie den Kontenplan des Programms.

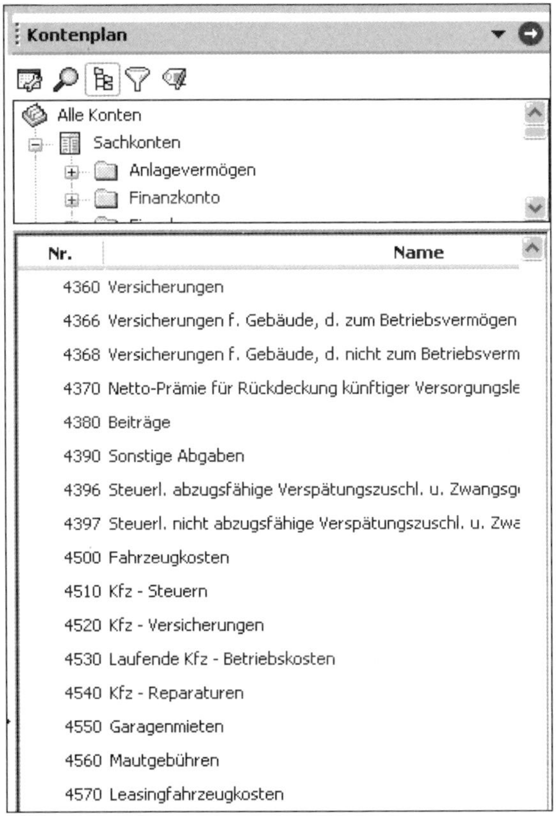

Debitorenkonto (Kunde) neu anlegen

Gehen Sie mit der Maus auf den Kontenplan. Dann betätigen Sie bitte die rechte Maustaste und es erscheint folgendes Bild:

In diesem Fall wählen Sie „Debitor neu“ und erfassen die Debitorennummer und die Daten Ihres Kunden. Sind alle Angaben richtig, speichern Sie diesen neuen Debitor.

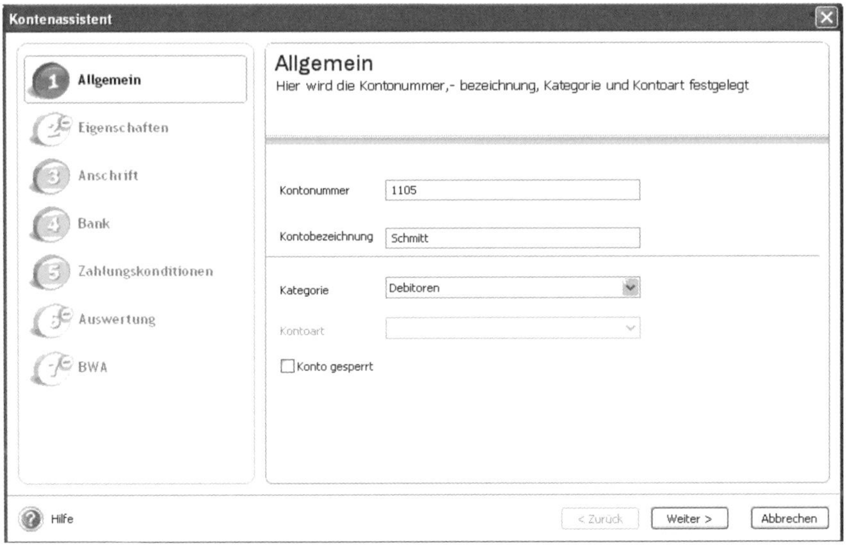

Kreditorenkonto (Lieferant) neu anlegen

In diesem Fall wählen Sie „Kreditor neu“ und geben die Kreditorennummer und die Daten Ihres Lieferanten ein. Sind alle Debitoren- und Kreditorenkonten angelegt, kann gebucht werden.

Konten kopieren

Achtung! Möchten Sie ein neues Sachkonto anlegen, empfehle ich Ihnen grundsätzlich, ein vorhandenes Konto zu kopieren. So können sich die wenigsten Fehler einschleichen.

Buchen von Kunden- und Lieferantenrechnungen Bilanz

Wählen Sie unter dem Menüpunkt **Buchen ➨ Dialogbuchen.**

Eingabe von Kundenrechnungen

Von jeder Rechnung geben Sie das Datum, den Belegnummernkreis (AR), die Belegnummer (Rechnungsnummer), den Rechnungsbetrag sowie folgende Kontonummern ein.

- Sollkonto = Debitorenkonto (Kunde) 1xxxx
- Habenkonto = Erlöskonto 8xxx

Eingabe von Lieferantenrechnungen

Von jeder Rechnung geben Sie das Datum, den Belegnummernkreis (ER), die Belegnummer (Rechnungsnummer), den Rechnungsbetrag sowie folgende Kontonummern ein.

- Sollkonto = Kostenkonto 3xxx–4xxx
- Habenkonto = Kreditorenkonto (Lieferant) 7xxxx

Alle Rechnungen werden nach dem gleichen Schema gebucht.

Handelt es sich allerdings um eine Gutschrift, drehen Sie die Buchungen um oder geben den Betrag mit „Minus“ ein.

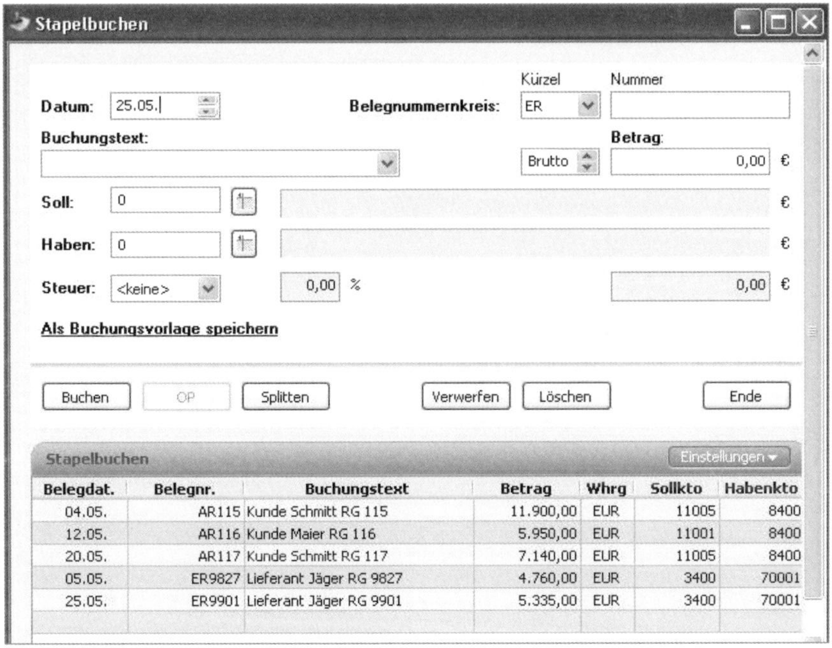

Belegdat.	Belegnr.	Buchungstext	Betrag	Whrg	Sollkto	Habenkto
04.05.	AR115	Kunde Schmitt RG 115	11.900,00	EUR	11005	8400
12.05.	AR116	Kunde Maier RG 116	5.950,00	EUR	11001	8400
20.05.	AR117	Kunde Schmitt RG 117	7.140,00	EUR	11005	8400
05.05.	ER9827	Lieferant Jäger RG 9827	4.760,00	EUR	3400	70001
25.05.	ER9901	Lieferant Jäger RG 9901	5.335,00	EUR	3400	70001

Jede gebuchte Rechnung erzeugt automatisch einen offenen Posten.

Unter dem Menüpunkt **Ansicht ➨ OP-Debitoren oder OP-Kreditoren** sehen Sie alle offenen Rechnungen. Und unter dem Menüpunkt **Berichte ➨ OP-Debitoren oder OP-Kreditoren** können Sie sich diese Listen ausdrucken.

Zusatzmodule: Mahnwesen und Zahlungsverkehr

Arbeiten Sie mit Debitoren-/Kreditorenkonten, bietet der Lexware buchhalter zwei weitere attraktive Module. Diese finden Sie unter dem Menüpunkt **Extras**.

a) Mahnwesen

Ist eine Kundenrechnung fällig, schreibt das Programm auf Wunsch eine Mahnung. Möchten Sie dieses Modul nutzen, müssen folgende Voraussetzungen vorliegen:

- Kunden-/Debitorennummer vergeben
- Kundenadresse eingeben
- Mahnfristen festlegen unter dem Menüpunkt **Bearbeiten ➡ Firma bearbeiten**

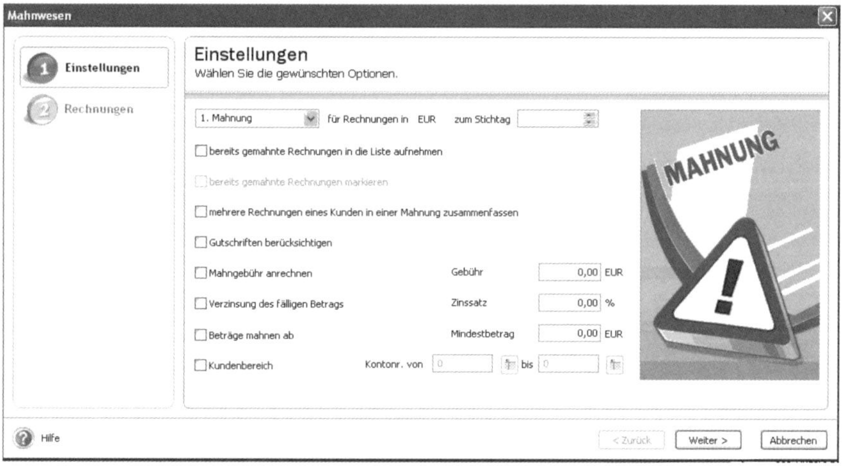

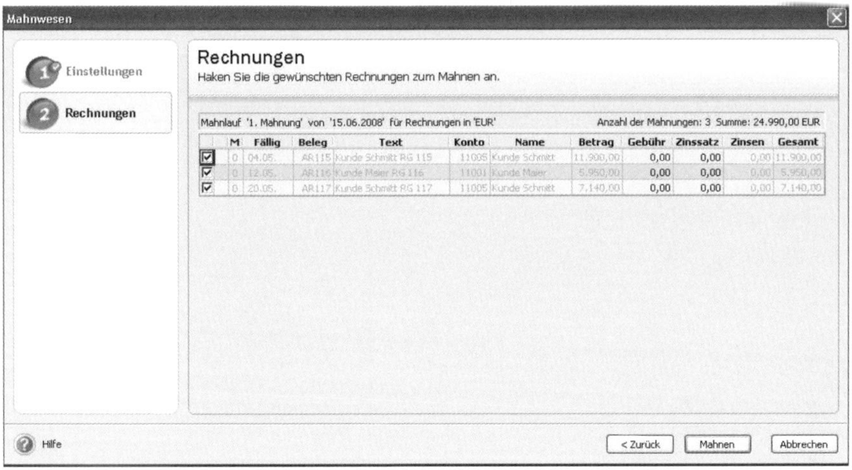

Das Mahnschreiben kann individuell verändert werden.

b) Zahlungsverkehr

Dieses Modul (unter dem Menüpunkt **Extras ➡ Zahlungsverkehr**) bietet Ihnen die Möglichkeit, Lieferantenrechnungen per Überweisung, Scheck oder Datenträgeraustausch zu bezahlen.

Folgende Voraussetzungen müssen erfüllt sein:

- Lieferanten-/Kreditorennummer vergeben
- Bankverbindung von Ihrem Bankkonto
- Bankverbindung von Ihrem Lieferanten

Außerdem errechnet der Lexware buchhalter gegebenenfalls Skonto. Dazu müssen Sie die Zahlungsbedingungen im Kreditorenkonto hinterlegen.

Zuerst wählen Sie die Zahlungsart aus sowie das Bankkonto, von dem die Rechnung bezahlt wird.

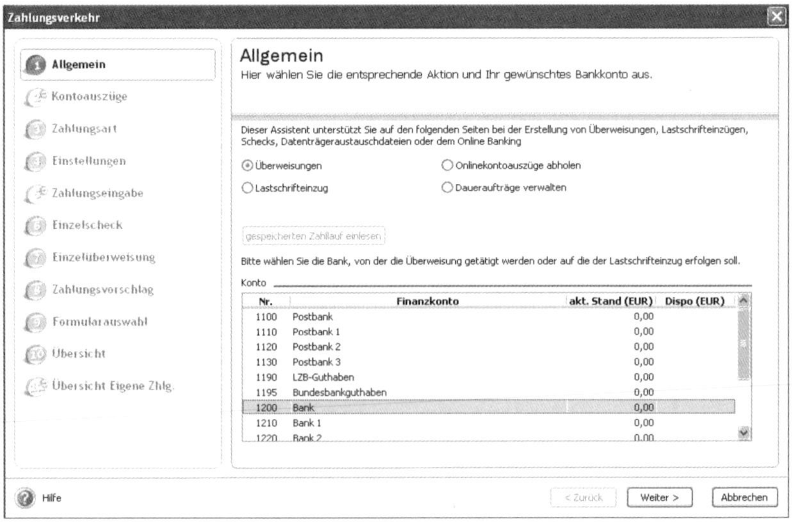

Hier werden alle offenen Lieferantenrechnungen gezeigt. Markieren Sie die Rechnungen, die Sie zahlen möchten und schon wird der Überweisungsträger oder der Scheck gedruckt, die DTAUS-Datei erstellt oder das Online-Banking-Modul geöffnet.

Buchen der Bank bei Bilanzierenden

Wählen Sie die Buchungsmaske aus unter dem Menüpunkt **Buchen ➨ Einnahmen/Ausgaben ➨ Bank.**

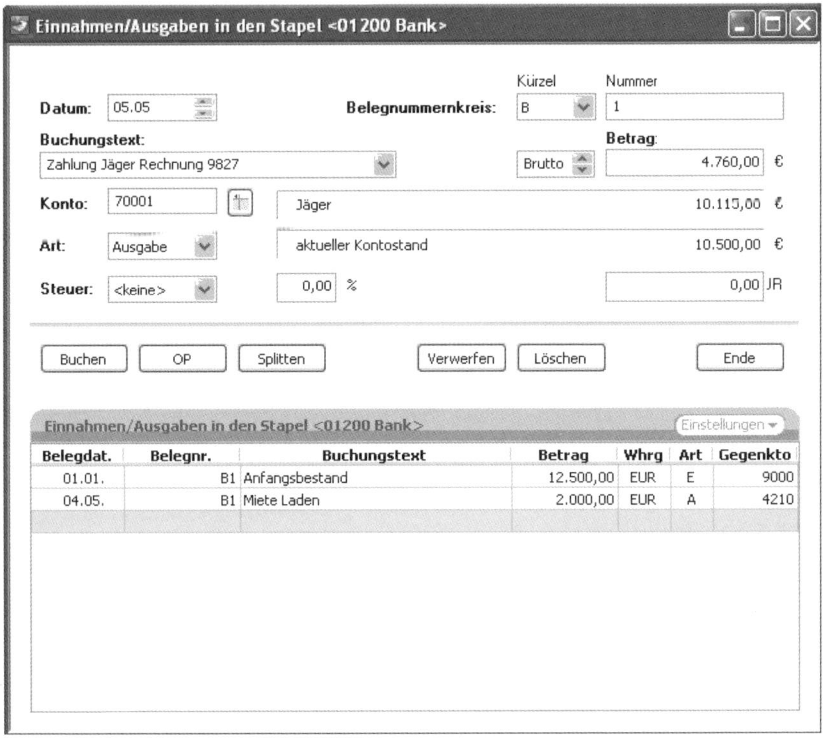

Für jede Position auf Ihrem Kontoauszug geben Sie folgende Daten ein: Datum (Buchungsdatum), Belegnummernkreis (B), Belegnummer (Auszug-Nr.), Buchungstext und den Betrag.

Oder Sie wählen eine fest angelegte Buchungsvorlage aus. In diesem Fall müssen Sie nur noch die fehlenden Daten eintragen. Bei der Buchung der Miete zum Beispiel müssen Sie nur das Datum und die Belegnummer eintragen, alles Weitere ist schon vorgegeben.

Enter-Taste benutzen

Buchen Sie mit Debitoren-/Kreditorennummern, empfehle ich Ihnen, in der Buchungsmaske niemals mit der Maus, sondern nur mit der Taste „Enter" von Feld zu Feld zu springen.

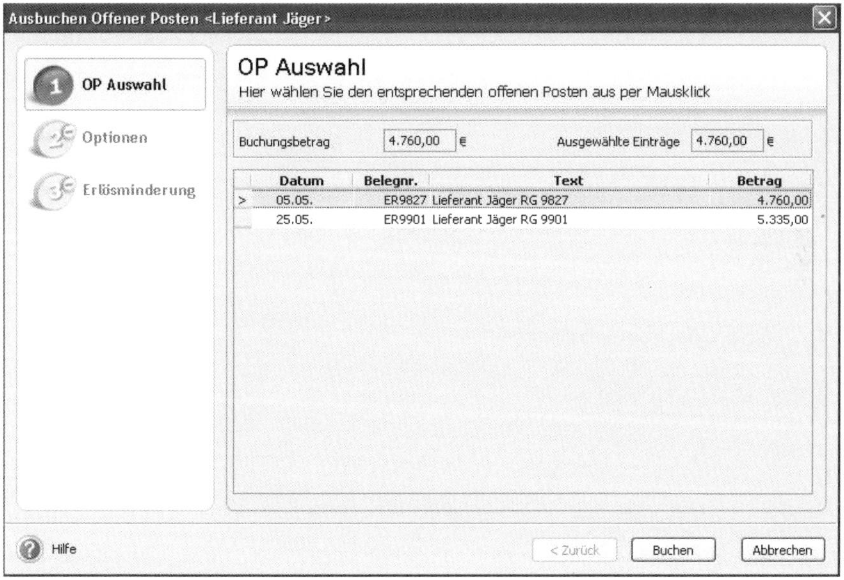

Ist zum Beispiel eine Position auf dem Kontoauszug ein Geldeingang Ihres Kunden, geben Sie im Feld „Konto" das Debitorenkonto ein. Der Cursor übergeht dann das Feld „Buchen" und springt direkt auf das Feld „OP". Betätigen Sie die Taste **Enter** nochmals, geht das OP-Fenster auf. Dort suchen Sie die entsprechende Rechnung aus und klicken auf **Buchen**. Auf diese Weise wird die offene Rechnung bzw. der offene Posten automatisch ausgeglichen.

Bei der Zahlung von Lieferantenrechnungen geben Sie im Feld „Konto" das Kreditorenkonto ein.

Wenn die Beträge nicht übereinstimmen ...

Achtung! Stimmen der Betrag auf dem Kontoauszug und der Rechnungsbetrag nicht überein, bietet der Lexware buchhalter folgende zwei Möglichkeiten:

- die Differenz als offenen Posten stehen lassen
- die Differenz als Skonto ausbuchen

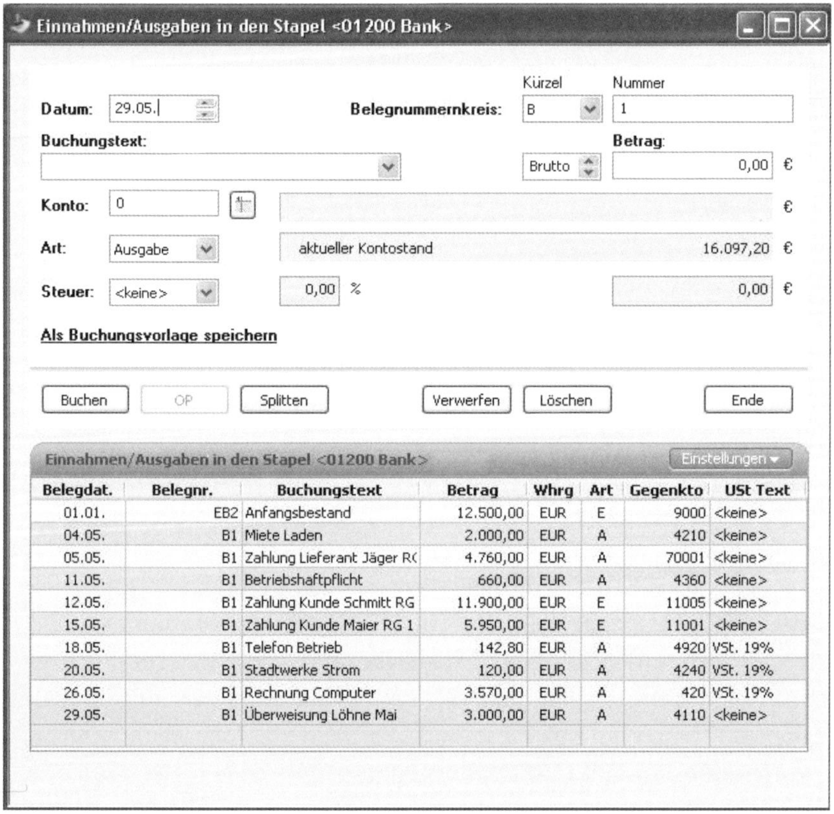

Wenn alle Kontoauszüge der Bank gebucht sind, müssen Sie den Endbestand kontrollieren.

Bei der Eingabe müssen Sie also Folgendes kontrollieren:

- die Kontonummer
- Handelt es sich um eine Einnahme oder Ausgabe?

Außerdem

- Kontrolle des Vorsteuer- bzw. des Umsatzsteuersatzes. Achtung! Bei der Eingabe dürfen Sie USt. und VSt. nie verwechseln, sonst stimmt die Umsatzsteuer-Voranmeldung nicht.

Auswertungen der Buchführung

Die Eingabe all der oben genannten Daten nennt man Buchungssatz. So geben Sie nach und nach die Daten in den Computer ein und parallel dazu beobachten Sie, ob der Kassenbestand bzw. der Kontostand noch stimmt.

Buchungssatz

Nach der Eingabe der Belege müssen Sie folgende Listen/Berichte ausdrucken:

- Journal
- Summen- und Saldenliste
- Einnahme-Überschussrechnung oder
- Bilanz mit Gewinn- und Verlustrechnung
- Umsatzsteuer-Voranmeldung

Klicken Sie auf **Berichte**!

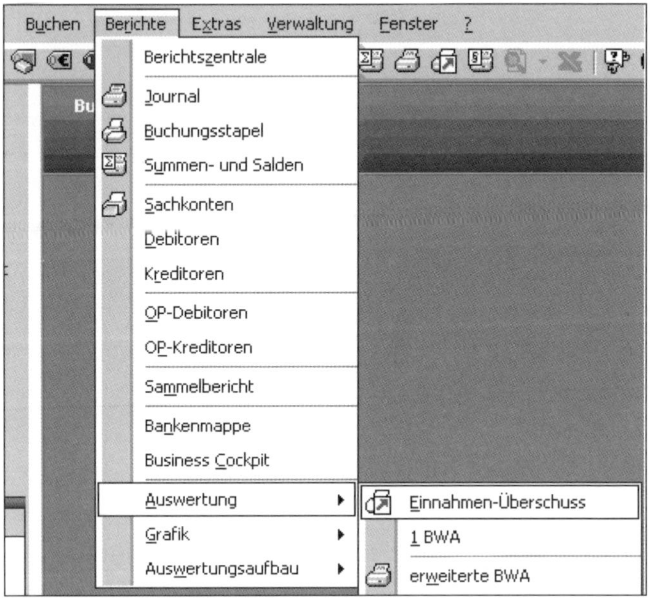

Journal

Hier werden Ihre gesamten Eingaben gezeigt. Sie können jetzt kontrollieren, ob Sie die richtigen Kontonummern eingegeben haben.

Das Journal wird jeden Monat ausgedruckt und abgelegt.

Journal Mai - Einnahme-Überschussrechnung

Journal vom 01.05. bis 31.05.

Beleg Datum	Nr.	Beleg Nr.	Buchungstext	Original Buchung	Soll Konto	Soll Betrag	Haben Konto	Haben Betrag	USt.Soll Konto	USt.Soll Betrag	USt.Haben Konto	USt.Haben Betrag
02.05.08	11	B1	Miete Laden	2.000,00 €	04210	2.000,00	01200	2.000,00				
05.05.08	2	K1	Barzahlung Kunde	2.975,00 €	01000	2.975,00	08400	2.500,00			01776	475,00
05.05.08	12	B1	Wareneinkauf	4.760,00 €	03400	4.000,00	01200	4.760,00	01576	760,00		
11.05.08	13	B1	Betriebshaftpflicht	660,00 €	04360	660,00	01200	660,00				
12.05.08	14	B1	Zahlung Kunde	11.900,00 €	01200	11.900,00	08400	10.000,00			01776	1.900,00
14.05.08	3	K2	Porto	59,50 €	04910	59,50	01000	59,50				
15.05.08	4	K3	Büromaterial	238,00 €	04930	200,00	01000	238,00	01576	38,00		
15.05.08	15	B1	Zahlung Kunde	5.950,00 €	01200	5.950,00	08400	5.000,00			01776	950,00
15.05.08	16	B1	Telefon Betrieb	142,80 €	04920	120,00	01200	142,80	01576	22,80		
20.05.08	17	B1	Stadtwerke Strom	120,00 €	04240	100,84	01200	120,00	01576	19,16		
22.05.08	5	K4	Wareneinkauf	1.785,00 €	03400	1.500,00	01000	1.785,00	01576	285,00		
25.05.08	6	K5	Aushilfslohn Müller	400,00 €	04190	400,00	01000	400,00				
26.05.08	18	B1	Rechnung Computer	3.570,00 €	00420	3.000,00	01200	3.570,00	01576	570,00		
27.05.08	7	K6	Fachliteratur	192,00 €	04940	179,44	01000	192,00	01571	12,56		
28.05.08	8	K7	Barzahlung Kunde	3.570,00 €	01000	3.570,00	08400	3.000,00			01776	570,00
29.05.08	9	K8	Wareneinkauf	4.760,00 €	03400	4.000,00	01000	4.760,00	01576	760,00		
29.05.08	19	B1	Gehalt Mai	3.000,00 €	04110	3.000,00	01200	3.000,00				
Summe						**43.614,78**		**42.187,30**		**2.467,52**		**3.895,00**

Journal Mai - Bilanz mit G+V

Journal vom 01.05. bis 31.05.

Beleg Datum	Nr.	Beleg Nr.	Buchungstext	Original Buchung	Soll Konto	Soll Betrag	Haben Konto	Haben Betrag	USt.Soll Konto	USt.Soll Betrag	USt.Haben Konto	USt.Haben Betrag
04.05.08	10	AR115	Kunde Schmitt RG 115	11.900,00 €	11005	11.900,00	08400	10.000,00			01776	1.900,00
04.05.08	16	B1	Miete Laden	2.000,00 €	04210	2.000,00	01200	2.000,00				
05.05.08	2	K0	Barzahlung Kunde	2.975,00 €	01000	2.975,00	08400	2.500,00			01776	475,00
05.05.08	11	ER9827	Lieferant Jäger RG 9827	4.760,00 €	03400	4.000,00	70001	4.760,00	01576	760,00		
05.05.08	17	B1	Zahlung Lieferant Jäger RG 9827	4.760,00 €	70001	4.760,00	01200	4.760,00				
11.05.08	18	B1	Betriebshaftpflicht	660,00 €	04360	660,00	01200	660,00				
12.05.08	12	AR116	Kunde Maier RG 116	5.950,00 €	11001	5.950,00	08400	5.000,00			01776	950,00
12.05.08	19	B1	Zahlung Kunde Schmitt RG 115	11.900,00 €	01200	11.900,00	11005	11.900,00				
14.05.08	3	K1	Porto	59,50 €	04910	59,50	01000	59,50				
15.05.08	4	K2	Büromaterial	238,00 €	04930	200,00	01000	238,00	01576	38,00		
15.05.08	20	B1	Zahlung Kunde Maier RG 116	5.950,00 €	01200	5.950,00	11001	5.950,00				
18.05.08	21	B1	Telefon Betrieb	142,80 €	04920	120,00	01200	142,80	01576	22,80		
20.05.08	13	AR117	Kunde Schmitt RG 117	7.140,00 €	11005	7.140,00	08400	6.000,00			01776	1.140,00
20.05.08	22	B1	Stadtwerke Strom	120,00 €	04240	100,84	01200	120,00	01576	19,16		
22.05.08	5	K3	Wareneinkauf	1.785,00 €	03400	1.500,00	01000	1.785,00	01576	285,00		
25.05.08	6	K4	Aushilfslohn Müller	400,00 €	04190	400,00	01000	400,00				
25.05.08	14	ER9901	Lieferant Jäger RG 9901	5.335,00 €	03400	4.483,19	70001	5.335,00	01576	851,81		
26.05.08	23	B1	Rechnung Computer	3.570,00 €	00420	3.000,00	01200	3.570,00	01576	570,00		
27.05.08	7	K5	Fachliteratur	192,00 €	04940	179,44	01000	192,00	01571	12,56		
28.05.08	8	K6	Barzahlung Kunde	3.570,00 €	01000	3.570,00	08400	3.000,00			01776	570,00
29.05.08	9	K7	Wareneinkauf	4.760,00 €	03400	4.000,00	01000	4.760,00	01576	760,00		
29.05.08	24	B1	Überweisung Löhne Mai	3.000,00 €	04110	3.000,00	01200	3.000,00				
Summe						**77.847,97**		**76.132,30**		**3.319,33**		**5.035,00**

Summen- und Saldenliste

Vorlage für den nächsten Monat

Die Summen- und Saldenliste ist eine Übersicht über alle Konten, die Sie bebucht bzw. ausgewählt haben. Diese Liste ist sehr praktisch als Vorlage für den nächsten Monat.

Wenn Sie ein noch nicht bebuchtes Konto suchen, müssen Sie in den großen Kontenplan schauen.

Summen- und Saldenliste – Einnahme-Überschussrechnung

Summen - und Saldenliste Sachkonten Mai

		Letzte	Eröffnungsbilanzwerte		Summe für Mai		Summe per 31.05.	
Konto	Kontobezeichnung	Buchung	Aktiva	Passiva	Soll	Haben	Soll	Haben
00420	Büroeinrichtung	26.05.			3.000,00		3.000,00	
Summe Anlage- und Kapitalkonten					**3.000,00**		**3.000,00**	
01000	Kasse	29.05.	2.320,00		6.545,00	7.434,50	6.545,00	7.434,50
01200	Bank	29.05.	12.500,00		17.850,00	14.252,80	17.850,00	14.252,80
01400	Forderungen aus Lieferungen und Leistungen							
01571	Anrechenbare Vorsteuer 7 %	27.05.			12,56		12,56	
01576	Anrechenbare Vorsteuer 19 %	29.05.			2.454,96		2.454,96	
01600	Verbindlichkeiten aus Lieferungen und Leistungen							
01776	Umsatzsteuer 19 %	28.05.				3.895,00		3.895,00
Summe Finanz- und Privatkonten			**14.820,00**		**26.862,52**	**25.582,30**	**26.862,52**	**25.582,30**
03400	Wareneingang - 19 % Vorsteuer	29.05.			9.500,00		9.500,00	
Summe Wareneingangs- und Bestandskonten					**9.500,00**		**9.500,00**	
04110	Löhne	29.05.			3.000,00		3.000,00	
04190	Aushilfslöhne	25.05.			400,00		400,00	
04210	Miete (unbewegliche Wirtschaftsgüter)	02.05.			2.000,00		2.000,00	
04240	Gas, Strom, Wasser	20.05.			100,84		100,84	
04360	Versicherungen	11.05.			660,00		660,00	
04910	Porto	14.05.			59,50		59,50	
04920	Telefon	15.05.			120,00		120,00	
04930	Bürobedarf	15.05.			200,00		200,00	
04940	Zeitschriften, Bücher	27.05.			179,44		179,44	
Summe Betriebliche Aufwendungen					**6.719,78**		**6.719,78**	
08400	Erlöse 19 % Umsatzsteuer	28.05.				20.500,00		20.500,00
Summe Erlöskonten						**20.500,00**		**20.500,00**
09000	Saldenvorträge Sachkonten	01.01.		14.820,00				
Summe Vortragskonten - Statistische Konten				**14.820,00**				
Summe			**14.820,00**	**14.820,00**	**46.082,30**	**46.082,30**	**46.082,30**	**46.082,30**

Summen- und Saldenliste – Bilanz mit G+V

Summen - und Saldenliste Sachkonten Mai

Konto	Kontobezeichnung	Letzte Buchung	Eröffnungsbilanzwerte Aktiva	Eröffnungsbilanzwerte Passiva	Summe für Mai Soll	Summe für Mai Haben	Summe per 31.05. Soll	Summe per 31.05. Haben
00420	Büroeinrichtung	26.05.			3.000,00		3.000,00	
Summe Anlage- und Kapitalkonten					**3.000,00**		**3.000,00**	
01000	Kasse	29.05.	2.320,00		6.545,00	7.434,50	6.545,00	7.434,50
01200	Bank	29.05.	12.500,00		17.850,00	14.252,80	17.850,00	14.252,80
01400	Forderungen aus Lieferungen und Leistungen	20.05.			24.990,00	17.850,00	24.990,00	17.850,00
01571	Anrechenbare Vorsteuer 7 %	27.05.			12,56		12,56	
01576	Anrechenbare Vorsteuer 19 %	29.05.			3.306,77		3.306,77	
01600	Verbindlichkeiten aus Lieferungen und Leistungen	25.05.			4.760,00	10.095,00	4.760,00	10.095,00
01776	Umsatzsteuer 19 %	28.05.				5.035,00		5.035,00
Summe Finanz- und Privatkonten			**14.820,00**		**57.464,33**	**54.667,30**	**57.464,33**	**54.667,30**
03400	Wareneingang - 19 % Vorsteuer	29.05.			13.983,19		13.983,19	
Summe Wareneingangs- und Bestandskonten					**13.983,19**		**13.983,19**	
04110	Löhne	29.05.			3.000,00		3.000,00	
04190	Aushilfslöhne	25.05.			400,00		400,00	
04210	Miete (unbewegliche Wirtschaftsgüter)	04.05.			2.000,00		2.000,00	
04240	Gas, Strom, Wasser	20.05.			100,84		100,84	
04360	Versicherungen	11.05.			660,00		660,00	
04910	Porto	14.05.			59,50		59,50	
04920	Telefon	18.05.			120,00		120,00	
04930	Bürobedarf	15.05.			200,00		200,00	
04940	Zeitschriften, Bücher	27.05.			179,44		179,44	
Summe Betriebliche Aufwendungen					**6.719,78**		**6.719,78**	
08400	Erlöse 19 % Umsatzsteuer	28.05.				26.500,00		26.500,00
Summe Erlöskonten						**26.500,00**		**26.500,00**
09000	Saldenvorträge Sachkonten	01.01.		14.820,00				
Summe Vortragskonten - Statistische Konten				**14.820,00**				
[illegible]			[illegible]	[illegible]	[illegible]	[illegible]	[illegible]	[illegible]

Einnahme-Überschussrechnung

Unter dem Menüpunkt **Auswertungen** gehen Sie auf ➨ **Einnahme-Überschussrechnung.** Hier sehen Sie die Einnahmen und Ausgaben, die im Monat Mai geflossen sind. In diesem Menüpunkt können Sie auch das Formular **Anlage EÜR** drucken, das das Programm automatisch ausfüllt.

Einnahmenüberschussrechnung in €
01.05. - 31.05.

A. Betriebseinnahmen			
Umsatzerlöse			20.500,00
08400 Erlöse 19 % Umsatzsteuer	20.500,00		
vereinnahmte Umsatzsteuer			3.895,00
01776 Umsatzsteuer 19 %	3.895,00		
Summe A. Betriebseinnahmen			**24.395,00**
B. Betriebsausgaben			
Wareneinsatz und Fremdleistungen			-9.500,00
03400 Wareneingang - 19 % Vorsteuer	-9.500,00		
Personalkosten			-3.400,00
04110 Löhne	-3.000,00		
04190 Aushilfslöhne	-400,00		
sonstige betriebliche Aufwendungen			
Raumkosten		**-2.100,84**	
04210 Miete (unbewegliche Wirtschaftsgüter)	-2.000,00		
04240 Gas, Strom, Wasser	-100,84		
Steuern, Versicherungen und Beiträge		**-660,00**	
04360 Versicherungen	-660,00		
Fachzeitschriften. Bücher		**-179,44**	
04940 Zeitschriften, Bücher	-179,44		
Bürobedarf. Porto. Telefon		**-379,50**	
04910 Porto	-59,50		
04920 Telefon	-120,00		
04930 Bürobedarf	-200,00		
Summe sonstige betriebliche Aufwendungen			-3.319,78
verauslagte Vorsteuern			-2.467,52
01571 Anrechenbare Vorsteuer 7 %	-12,56		
01576 Anrechenbare Vorsteuer 19 %	-2.454,96		
Summe B. Betriebsausgaben			**-18.687,30**
Überschuss			**5.707,70**

Gewinn- und Verlustrechnung

Unter dem Menüpunkt **Auswertungen** gehen Sie auf **Bilanz**. Über die Menüleiste können Sie in der Auswertung blättern. Hier sehen Sie zunächst die Bilanz und dann die Gewinn- und Verlustrechnung des Monats Mai.

Hier steht das Vermögen des Unternehmens.

Bilanz Aktiva in €
für Mai

A. Anlagevermögen			
II. Sachanlagen			
3. andere Anlagen. Betriebs- und Geschäftsausstattung		**3.000,00**	
00420 Büroeinrichtung	3.000,00		
Summe II. Sachanlagen		3.000,00	
Summe A. Anlagevermögen			**3.000,00**
B. Umlaufvermögen			
II. Forderungen und sonstige Vermögensgegenstände			
1. Forderungen aus Lieferungen und Leistungen		**7.140,00**	
01400 Forderungen aus Lieferungen und Leistungen	7.140,00		
Summe II. Forderungen und sonstige Vermögensgegenstände		7.140,00	
IV. Kassenbestand. Guthaben b. Kreditinstituten. Postgiro		2.707,70	
01000 Kasse	-889,50		
01200 Bank	3.597,20		
Summe B. Umlaufvermögen			**9.847,70**
Summe Aktiva			**12.847,70**

Hier steht das Kapital dieses Unternehmens.

Bilanz

Bilanz Passiva in €
für Mai

A. Eigenkapital			
V. Jahresüberschuß/Jahresfehlbetrag		5.797,03	
Summe A. Eigenkapital			**5.797,03**
D. Verbindlichkeiten			
4. Verbindlichkeiten aus Lieferungen u. Leistungen		5.335,00	
01600 Verbindlichkeiten aus Lieferungen und Leistungen	5.335,00		
8. sonstige Verbindlichkeiten		1.715,67	
01571 Anrechenbare Vorsteuer 7 %	-12,56		
01576 Anrechenbare Vorsteuer 19 %	-3.306,77		
01776 Umsatzsteuer 19 %	5.035,00		
Summe D. Verbindlichkeiten			**7.050,67**
Summe Passiva			**12.847,70**

Hier sind die Einnahmen und Ausgaben erfasst, die wirtschaftlich in den Mai gehören.

Gewinn- und Verlustrechnung in €
für Mai

Ergebnis der gewöhnlichen Geschäftstätigkeit				
Umsatzerlöse			26.500,00	
08400 Erlöse 19 % Umsatzsteuer	26.500,00			
Materialaufwand			-13.983,19	
03400 Wareneingang - 19 % Vorsteuer	-13.983,19			
Personalaufwand			-3.400,00	
04110 Löhne	-3.000,00			
04190 Aushilfslöhne	-400,00			
Andere betriebl. Aufwendungen				
Raumkosten		**-2.100,84**		
04210 Miete (unbewegliche Wirtschaftsgüter)	-2.000,00			
04240 Gas, Strom, Wasser	-100,84			
Versicherungen, Beiträge und Abgaben		**-660,00**		
04360 Versicherungen	-660,00			
verschiedene betriebliche Kosten		**-558,94**		
04910 Porto	-59,50			
04920 Telefon	-120,00			
04930 Bürobedarf	-200,00			
04940 Zeitschriften, Bücher	-179,44			
Summe Andere betriebl. Aufwendungen			-3.319,78	
Summe Ergebnis der gewöhnlichen Geschäftstätigkeit				**5.797,03**
Jahresüberschuss				**5.797,03**

Umsatzsteuer-Voranmeldung

Wählen Sie unter dem Menüpunkt Berichte ➠ Auswertung ➠ Umsatzsteuer, sehen Sie die Umsatzsteuer-Voranmeldung des Monats Mai. Dieses Formular können Sie unter **Extras ➠ Elster online** an das Finanzamt übermitteln.

Ist-Versteuerung

Ist das Programm auf Ist-Versteuerung eingestellt, werden hier die Umsätze erfasst, die tatsächlich im Mai eingegangen sind. Nach Abzug der Vorsteuer ergibt sich eine Umsatzsteuer-Zahllast von 1.427,48 Euro.

Zeile				
1				
2				
3	11 57 0805			
4				
5				
6	**Finanzamt**	**30** Eingangsstempel oder -datum **Eingangsstempel oder -datum**		
7				
8				
9		**Umsatzsteuer-Voranmeldung**		
10				
11	Unternehmen - ggf. abweichende Firmenbezeichnung -	**Voranmeldungszeitraum**		
12	Anschrift - Telefon - E-Mail-Adresse	Mai		
13	Firma EÜR Istversteuerung			
14		**Berichtigte Anmeldung** (falls ja, bitte eine "1" eintragen)	**10**	
15		**Belege** (Verträge, Rechnungen, Erläuterungen usw.) sind beigefügt		
16		bzw. werden gesondert eingereicht (falls ja, bitte eine "1" eintragen)	**22**	
17	**I. Anmeldung der Umsatzsteuer-Vorauszahlung**			
18	**Lieferungen und sonstige Leistungen**			
19	**(einschließlich unentgeltlicher Wertabgaben)**		Bemessungsgrundl. volle EUR	Steuer EUR Ct
20	**Steuerfreie Umsätze mit Vorsteuerabzug**			
21	**Innergemeinschaftliche Lieferungen** (§ 4 Nr. 1 Buchst. b UStG) an Abnehmer **mit** USt-IdNr	**41**		
27	**Steuerpflichtige Umsätze** (Lieferungen u.sonstige Leistungen einschl.unentgeltlicher Wertabgaben)			
28	zum Steuersatz von 19 v.H.	**81**	20.500	3.895,00
29	zum Steuersatz von 7 v.H.	**86**		
36	**Steuerpflichtige innergemeinschaftliche Erwerbe**			
37	zum Steuersatz von 19 v.H.	**89**		
53	**Umsatzsteuer**			3.895,00
54	**Abziehbare Vorsteuerbeträge**			
55	Vorsteuerbeträge aus Rechnungen von anderen Unternehmern (§ 15 Abs. 1 Satz 1 Nr. 1 UStG) und aus innergemeinschaftlichen Dreiecksgeschäften (§ 25b Abs. 5 UStG)	**66**		2.467,52
56	Vorsteuerbeträge aus dem innergemeinschaftl. Erwerb von Gegenständen (§ 15 Abs. 1 Satz 1 Nr. 3 UStG)	**61**		
67	**Verbleibende Umsatzsteuer-Vorauszahlung** .... **(bitte in jedem Fall ausfüllen)** **Verbleibender Überschuss** - bitte dem Betrag ein Minuszeichen voranstellen -	**83**		1.427,48
69	**II. Sonstige Angaben und Unterschrift** Ich versichere, in dieser Steueranmeldung die in dem amtlich vorgeschriebenen Vordruck geforderten Angaben für diesen Anmeldungs-			
77	zeitraum vollständig und wahrheitsgemäß nach bestem Wissen und Gewissen gemacht zu haben. Bei der Anfertigung dieser Steueranmeldung hat mitgewirkt			
78				
79				
80		Datum, Unterschrift		
81	**Vom Finanzamt auszufüllen**			
82	**Bearbeitungshinweis** 1.Die aufgeführten Daten sind mit Hilfe des geprüften und genehmigten Programms sowie ggf. unter Berücksichtigung der gespeicherten Daten maschinell zu verarbeiten.	**11**	**19**	
83			**12**	
84	2.Die weitere Bearbeitung richtet sich nach den Ergebnissen der maschinellen Verarbeitung.			
85		Kontrollzahl und/oder Datenerfassungsvermerk		
86	Datum, Nz/Unterschrift			

USt 1 A -Umsatzsteuer-Voranmeldung 2008-
Lexware GmbH & Co. KG, Freiburg (Brsg.), OFD Stuttgart, S 7344 A - 159 - St 36 vom 30.12.1994

Soll-Versteuerung

Ist das Programm auf Soll-Versteuerung eingestellt, werden hier die Umsätze erfasst, die im Mai gebucht wurden, d. h. alle Aufträge, die im Mai abgeschlossen wurden. Nach Abzug der Vorsteuer ergibt sich eine Umsatzsteuer-Zahllast von 1.715,67 Euro.

Zeile					
1					
2					
3	11 57 0805				
4					
5		30			
6	**Finanzamt**	Eingangsstempel oder -datum			
7		**Eingangsstempel oder -datum**			
8					
9		**Umsatzsteuer-Voranmeldung**			
10					
11	Unternehmen - ggf. abweichende Firmenbezeichnung -	**Voranmeldungszeitraum**			
12	Anschrift - Telefon - E-Mail-Adresse	Mai			
13	Firma Bilanz Sollversteuerung				
14		**Berichtigte Anmeldung** (falls ja, bitte eine "1" eintragen)	10		
15		**Belege** (Verträge, Rechnungen, Erläuterungen usw.) sind beigefügt			
16		bzw. werden gesondert eingereicht (falls ja, bitte eine "1" eintragen)	22		
17	**I. Anmeldung der Umsatzsteuer-Vorauszahlung**				
18					
19	**Lieferungen und sonstige Leistungen (einschließlich unentgeltlicher Wertabgaben)**		Bemessungsgrundl. volle EUR		Steuer EUR Ct
20	**Steuerfreie Umsätze mit Vorsteuerabzug**				
21	**Innergemeinschaftliche Lieferungen** (§ 4 Nr. 1 Buchst. b UStG) an Abnehmer **mit** USt-IdNr	41			
27	**Steuerpflichtige Umsätze**				
28	(Lieferungen u.sonstige Leistungen einschl.unentgeltlicher Wertabgaben) zum Steuersatz von 19 v.H.	81	26.500		5.035,00
29	zum Steuersatz von 7 v.H.	86			
36	**Steuerpflichtige innergemeinschaftliche Erwerbe**				
37	zum Steuersatz von 19 v.H.	89			
53	**Umsatzsteuer**				5.035,00
54	**Abziehbare Vorsteuerbeträge**				
55	Vorsteuerbeträge aus Rechnungen von anderen Unternehmern (§ 15 Abs. 1 Satz 1 Nr. 1 UStG) und aus innergemeinschaftlichen Dreiecksgeschäften (§ 25b Abs. 5 UStG)			66	3.319,33
56	Vorsteuerbeträge aus dem innergemeinschaftl. Erwerb von Gegenständen (§ 15 Abs. 1 Satz 1 Nr. 3 UStG)			61	
67	**Verbleibende Umsatzsteuer-Vorauszahlung** .... **(bitte in jedem Fall ausfüllen)** **Verbleibender Überschuss** - bitte dem Betrag ein Minuszeichen voranstellen -			83	1.715,67
69	**II. Sonstige Angaben und Unterschrift**				
77	Ich versichere, in dieser Steueranmeldung die in dem amtlich vorgeschriebenen Vordruck geforderten Angaben für diesen Anmeldungszeitraum vollständig und wahrheitsgemäß nach bestem Wissen und Gewissen gemacht zu haben. Bei der Anfertigung dieser Steueranmeldung hat mitgewirkt				
78					
79					
80		Datum, Unterschrift			
81	**Vom Finanzamt auszufüllen**				
82	**Bearbeitungshinweis** 1.Die aufgeführten Daten sind mit Hilfe des geprüften und genehmigten Programms sowie ggf. unter Berücksichtigung der gespeicherten Daten maschinell zu verarbeiten.	11		19	
83				12	
84	2.Die weitere Bearbeitung richtet sich nach den Ergebnissen der maschinellen Verarbeitung.				
85		Kontrollzahl und/oder Datenerfassungsvermerk			
86	Datum, Nz/Unterschrift				

Hier sind die gesamten Nettoeinnahmen sowie die eingenommene Umsatzsteuer vom Mai eingetragen.

Hier steht die gesamte Vorsteuer. Sie wird mit der eingenommenen Umsatzsteuer saldiert und übrig bleibt eine Zahllast in Höhe von 1.715,67 Euro. Dieses Formular muss man unter **Extras** online an das Finanzamt weiterleiten.

Unterschied laufende Buchführung/Jahresabschluss

Man muss ganz klar unterscheiden zwischen einer laufenden Buchführung und einem Jahresabschluss. Die Ergebnisse sind in der Regel unterschiedlich. Warum?

EÜR: laufend

In der laufenden Buchführung werden bei **Einnahme-Überschussrechnern** alle Einnahmen und Ausgaben, die über die Kasse sowie die Bank geflossen sind, erfasst (Kauf Kfz = Anlagevermögen, Benzin = Kfz-Kosten).

Bilanz: laufend

In der laufenden Buchführung von **Bilanzierenden** werden alle Kunden- und Lieferantenrechnungen gebucht, auch wenn sie noch nicht bezahlt sind; außerdem alle Zahlungseingänge und -ausgänge der Kasse sowie der Bank (Kauf Kfz = Anlagevermögen, Benzin = Kfz-Kosten, Kunde erhält Rechnung = Einnahme Warenverkauf).

Erst bei Jahresabschluss

In beiden Fällen werden gegebenenfalls erst beim Jahresabschluss Privatentnahme Waren, Privatnutzung Kfz, Privatnutzung Telefon oder Abschreibung erfasst.

Vom Steuerberater beraten lassen

Das Ergebnis einer laufenden Buchführung weicht also in der Regel vom tatsächlichen Jahresergebnis ab. Sie sollten sich beraten lassen, welche Differenzen sich durch Abschreibungen, Privatnutzung usw. in Ihrem Fall ergeben. So haben Sie den genauen Überblick über Ihr vorläufiges Jahresergebnis.

Erinnern Sie sich an das Buchungsbeispiel? Wenn nicht, blättern Sie zurück auf Seite 175. Der gekaufte Computer steht auf dem Konto 0420 Büroeinrichtung, das bedeutet, er steht im Anlagevermögen. Der Computer muss abgeschrieben werden. Das Finanzamt schreibt eine Nutzungsdauer von drei Jahren vor. Also ist nur ein Drittel der Anschaffungskosten in diesem Jahr Betriebsausgabe. Wenn die Abschreibung in Ihrer Gewinnermittlung stehen soll, müssen Sie diese extra buchen.

Im laufenden Jahr müssen Sie die Abschreibung allerdings nicht buchen. In der Regel macht das der Steuerberater am Jahresende.

Zusatzarbeiten für Bilanzierende

Abgrenzungen

Bilanzierende müssen außerdem Abgrenzungen vornehmen (Forderungen, Verbindlichkeiten, Rückstellungen, Rechnungsabgrenzungsposten).

Wirtschaftliche Zugehörigkeit entscheidend

Alle Betriebseinnahmen und Betriebsausgaben werden in dem Jahr erfasst, in das sie wirtschaftlich gehören, egal wann sie gezahlt wurden (Lohn Dezember im Januar gezahlt = Ausgabe im Dezember, Gewerbesteuer für 2007, gezahlt in 2008 = Ausgabe in 2007), vgl. Kapitel „Gewinnermittlung“.

Durch Steuerberater beraten lassen

Bei Bilanzierenden weicht das Ergebnis der laufenden Buchführung in der Regel noch weiter vom tatsächlichen Jahresergebnis ab.

Das Programm Lexware buchhalter verfügt über einen Eigenverbrauchsrechner und seit der Version 2008 auch über einen AfA-Rechner. Das ermöglicht Ihnen sogar weitere Schritte zu Ihrem Jahresabschluss.

Abschreibungsrechner im Lexware buchhalter

Erfassen Sie im Programm die Anschaffung, erfolgt die Abfrage, ob Sie das neue Anlagegut sofort oder später im AfA-Rechner erfassen möchten. Ist es richtig erfasst, wird die Abschreibung berechnet und auf Knopfdruck gebucht.

Allgemeine Informationen über den Lexware buchhalter

Unterschied Stapelbuchen/Dialogbuchen

Stapelbuchen

Kann rückgängig gemacht werden

Eine Stapelbuchung ist sozusagen mit Bleistift geschrieben. Sie kann jederzeit wieder rückgängig gemacht werden. Eine Stapelbuchung landet im Buchungsstapel, nicht im Journal.

Bearbeiten, Löschen, Ausdrucken

Unter dem Menüpunkt **Ansicht ➨ Buchungsstapel** können Sie diese Buchungen bearbeiten oder löschen. Klicken Sie dazu die Buchung mit der linken Maustaste an und anschließend mit der rechten Maustaste. Sie können sich den Buchungsstapel auch ausdrucken lassen, unter dem Menüpunkt **Berichte ➡ Buchungsstapel.**

Stapel ausbuchen

Alle anderen Auswertungen können Sie ausdrucken, allerdings sind diese mit dem Wort „vorläufig" versehen. Endgültige Auswertungen erhalten Sie nur, wenn Sie aus Stapelbuchungen Dialogbuchungen machen. Das erledigen Sie unter dem Menüpunkt **Buchen ➡ Stapel ausbuchen.**

Dialogbuchen

Eine Dialogbuchung ist dagegen mit Kugelschreiber geschrieben. Sie kann, bildlich gesprochen, nur durchgestrichen und wieder neu hingeschrieben werden. Eine Dialogbuchung finden Sie im Journal wieder.

Unter dem Menüpunkt **Ansicht ➡ Journal** können Sie diese Buchungen stornieren. Klicken Sie dazu die Buchung mit der linken Maustaste an und anschließend mit der rechten Maustaste.

Bei Dialogbuchungen stehen Ihnen alle endgültigen Auswertungen zum Druck bereit.

Zusammenfassung	
Stapelbuchen	**Dialogbuchen**
Buchungsstapel	Journal
bearbeiten, löschen	stornieren
alle Auswertungen sind vorläufig	alle Auswertungen der Buchführung sind endgültig

Unterschiedliche Buchungsmasken

Stapelbuchen oder Dialogbuchen

Diese Buchungsmaske sollten Sie für die Erfassung von Kunden- und Lieferantenrechnungen wählen.

Außerdem bucht man hier Umbuchungen für den Jahresabschluss.

Schnellbuchungsmaske

Diese Maske ist inhaltlich identisch mit den Masken „Stapel- und Dialogbuchen“. Sie bietet Ihnen die Möglichkeit, die Reihenfolge der Eingabefelder frei zu wählen.

Unter dem Menüpunkt **Extras ➡ Optionen ➡ Schnellbuchen** können Sie sich diese Maske einrichten. Unter Verwaltung ➡ Konfigurationsassistent können Sie Stapel- oder Dialogbuchen wählen.

Maske Einnahmen/Ausgaben

Für Kontoauszüge und Kassenbuch

Diese Buchungsmaske empfehle ich Ihnen für die Eingabe der Kontoauszüge sowie des Kassenbuches. Sie haben praktisch für jedes Bankkonto eine eigene Buchungsmaske und sehen während der Eingabe immer den aktuellen Kontostand.

Das spart Ihnen nicht nur die Eingabe einer Kontonummer (Kasse oder Bank), es umgeht die Technik der Buchführung, denn Sie müssen nur angeben, ob es sich um eine Einnahme oder Ausgabe handelt. Der Lexware buchhalter macht dann den Buchungssatz fertig.

Bilanz elektronisch übermitteln

Kapitalgesellschaften müssen seit 2007 die Jahresabschlüsse an das elektronische Handelsregister senden. Das erledigt in der Regel der Steuerberater. Seit der Version 2008 können Sie das auch mit dem

Lexware buchhalter erledigen, unter **Extras ➡ Elster ➡ eHug.** Das ist allerdings nur sinnvoll, wenn Sie auch die Bilanz mit dem Programm vollständig erstellen.

Lösungsteil für die Übungsaufgaben

Lösungen zu den Aufgaben des zweiten Kapitels

Aufgaben S. 58

Lösungen: 1b; 2b; 3b; 4b; 5b; 6 (0, 19, 7, 19, 0, 0, 19)

Aufgaben S. 85

Lösungen: 1a; 2b; 3b; 4c; 5b; 6b

Aufgaben S. 120

Lösungen: 1a; 1b; 2c; 3b; 4b; 5b; 6b

Lösungen zu den Aufgaben ab Seite 169

Das Kassenbuch

Datum	Anfangsbestand	+ 2.320,00	Kontonr.
05.05.	Kunde zahlt bar Erlöse 19 % USt.	+ 2.975,00	8400
14.05.	Porto (keine USt.)	– 59,50	4910
15.05.	Kauf von Büromaterial 19 % USt.	– 238,00	4930
22.05.	Wareneinkauf 19 % USt.	– 1.785,00	3400
25.05.	Aushilfslohn m. Müller	– 400,00	4190
27.05.	Fachliteratur 7 % USt.	– 192,00	4940
28.05.	Kunde zahlt bar Erlöse 19 % USt.	+ 3.570,00	8400
29.05.	Wareneinkauf 19 % USt.	– 4.760,00	3400
	Kassenstand 31.05.	1.430,50	

Die Kontoauszüge

Datum	Anfangsbestand	+ 12.500,00	Konto Nr.
02.05.	Miete Laden ohne USt.	– 2.000,00	4210
05.05.	Wareneinkauf 19 % USt.	– 4.760,00	3400
11.05.	Betriebshaftpflicht	– 660,00	4360
12.05.	Kunde zahlt, Erlöse 19 % USt.	+ 11.900,00	8400
15.05.	Kunde zahlt, Erlöse 19 % USt.	+ 5.950,00	8400
15.05.	Telefon Betrieb 19 % USt.	– 142,80	4920
20.05.	Stadtwerke, Strom 19 % USt.	– 120,00	4240
26.05.	Rechn. Computer 19% USt.	– 3.570,00	0420
29.05.	Überweisung Gehalt Mai	– 3.000,00	4110
	Banksaldo 31.05.	+ 16.097,20	

Lösungen zu den Aufgaben ab Seite 174

Kunden- und Lieferantenrechnungen

Datum	Kundenrechnungen (Debitoren)	Betrag	Kunden-kto. Soll	Erlöskto. Haben
04.05.	Kunde Schmitt, Rg 115 Erlöse 19 %	11.900,00	11005	8400
12.05.	Kunde Maier, Rg 116 Erlöse 19 %,	5.950,00	11001	8400
20.05.	Kunde Schmitt, Rg 117 Erlöse 19 %	7.140,00	11005	8400
05.05.	Lieferant Jäger, Rg 9827 Wareneink. 19 %	4.760,00	3400	70001
25.05.	Lieferant Jäger, Rg 9901 Wareneink. 19 %	5.355,00	3400	70001

Das Kassenbuch

Datum	Anfangsbestand	2.320,00	Konto-Nr.
5.05.	Kunde zahlt bar Erlöse 19 % USt.	+ 2.975,00	8400
14.05.	Porto ohne USt.	– 59,50	4910
15.05.	Kauf Büromaterial inkl. 19 % USt.	– 238,00	4930
22.05.	Wareneinkauf bar inkl. 19 % USt.	– 1.785,00	3400
25.05.	Aushilfslohn Müller	– 400,00	4190
27.05.	Fachliteratur inkl. 7 % USt.	– 192,00	4940
28.05.	Kunde zahlt bar Erlöse 19 % USt.	+ 3.570,00	8400
29.05.	Wareneinkauf bar inkl. 19 % USt.	– 4.760,00	3400
	Kassenstand 31.05.	1.430,50	

Die Kontoauszüge

Datum	Anfangsbestand	12.500,00	Konto-Nr.
04.05.	Miete Laden ohne USt.	– 2.000,00	4210
05.05.	Zahlung an Lieferant Jäger Rechnung 9827	– 4.760,00	70001
11.05.	Betriebshaftpflicht- versicherung Rechnung 4360	– 660,00	4360

Datum	**Anfangsbestand**	**12.500,00**	**Konto-Nr.**
12.05.	Kunde Schmitt zahlt Rechnung 115	+ 11.900,00	11005
15.05.	Kunde Maier zahlt Rechnung 116	+ 5.950,00	11001
18.05.	Telefon Betrieb inkl. 19 % Ust	– 142,80	4920
20.05.	Stadtwerke, Strom inkl. 19 % USt.	– 120,00	4240
26.05.	Rechnung Computer inkl. 19 % USt.	– 3.570,00	0420
29.05.	Überweisung Löhne Mai	– 3.000,00	4110
	Banksaldo 31.05.	16.097,20	

Checklisten

Ein paar nützliche Informationen noch einmal zusammengefasst.

Bewirtungskosten

Unter folgenden Voraussetzungen wird ein Bewirtungsbeleg anerkannt:

So muss der Beleg aussehen

- Der Beleg muss detailliert, maschinell erstellt und registriert sein.
- Sie müssen Ihren Namen und den Namen Ihres Kunden sowie den Grund der Bewirtung auf dem Beleg eintragen.

Was akzeptiert das Finanzamt?

Einschränkungen

Sowie die Bewirtung im Vordergrund steht, macht Vater Staat hier Einschränkungen.

- 70 % Bewirtungskosten = Betriebsausgabe
- 30 % Bewirtungskosten = keine Betriebsausgabe

Ausnahme: Bewirtungen bei Veranstaltungen wie Seminaren, Messen und Konferenzen sind zu 100 % Betriebsausgabe. Das gilt auch für Arbeitsbesprechungen mit Arbeitnehmern und freien Mitarbeitern.

Vorsteuerabzug aus Bewirtungskosten ist möglich.

Kontonummer	Kontenbezeichnung
4650	Bewirtungskosten
4654	nicht abzugsfähige Bewirtungskosten
4140	freiwillige soziale Aufwendungen, lohnsteuer- und sozialversicherungsfrei (Arbeitnehmer)
4145	freiwillige soziale Aufwendungen, lohnsteuer- und sozialversicherungspflichtig (Arbeitnehmer)
4653	Aufmerksamkeiten

Geschenke

Unter folgenden Voraussetzungen wird ein Geschenkbeleg anerkannt:

So muss der Beleg aussehen

- Sie müssen den Namen Ihres Kunden auf dem Beleg eintragen.
- Ihr Geschenk darf nicht teurer als 35 Euro + USt. pro Person und Jahr sein.
- **Achtung:** Sind Sie Arzt/Ärztin oder Versicherungsvertreter/-in, sind Ihre Einnahmen also umsatzsteuerfrei, dann darf das Geschenk nicht teurer sein als 35 Euro inkl. USt.

Geschenke über 35 Euro werden gar nicht anerkannt (0 Euro), sie sind keine Betriebsausgaben.

Kontonummer	Kontenbezeichnung
4140	freiwillige soziale Aufwendungen, lohnsteuer- und sozialversicherungsfrei (Arbeitnehmer)
4145	freiwillige soziale Aufwendungen, lohnsteuer- und sozialversicherungspflichtig (Arbeitnehmer)

Kontonummer	Kontenbezeichnung
4630	Geschenke bis 35 Euro
4635	Geschenke über 35 Euro
4640	Repräsentationskosten

Geschenke pauschal versteuern

Seit 2007 besteht die Möglichkeit, Geschenke an Arbeitnehmer und Geschäftspartner bis zu 10.000 Euro inkl. USt pro Person und Jahr als Betriebsausgaben anzusetzen, wenn diese mit 30 % pauschal versteuert werden. Fragen Sie Ihren Steuerberater.

Kauf Anlagevermögen

Zugang Vermögen

Teile der Betriebs- und Geschäftsausstattung (Grundstücke, Gebäude, Maschinen, Pkw, Lkw, Computer, Finanzanlagen, Internetseiten) nennt man Anlagegüter oder Anlagevermögen. Werden diese angeschafft, ist das keine Betriebsausgabe. Sie gehören zum Vermögen des Unternehmens.

Abschreibung und Vorsteuerabzug

In diesem Fall wird das Betriebsvermögen erhöht. Die Anschaffungskosten werden im laufenden Jahr auf ein Konto im Anlagevermögen 0010-0499 gebucht. Am Jahresende wird die Abschreibung ermittelt und gebucht. Die Vorsteuer erhalten Sie im Jahr der Anschaffung in voller Höhe zurück, wenn eine einwandfreie Rechnung vorliegt und die Lieferung oder die Zahlung erfolgt ist.

Kontonummer	Kontenbezeichnung
0027	EDV-Software
0210	Maschinen
0320	Pkw
0420	Büroeinrichtung
0480	Geringwertige Wirtschaftsgüter bis 150 Euro
0485	Wirtschaftsgüter über 150 bis 1.000 Euro
0490	Sonstige Betriebs- und Geschäftsausstattung

Abschreibung

Was heißt das, abschreiben?

Verteilung der Kosten

Eine Maschine hat laut Finanzamt eine voraussichtliche Nutzungsdauer von fünf Jahren. Also werden die Anschaffungskosten sowie eventuelle Nebenkosten (Installation, Einweisung) auf fünf Jahre verteilt. In diesem Fall ist ein Fünftel der gesamten Anschaffungskosten pro Jahr Betriebsausgabe.

Abschreibungslisten

Das Finanzamt verfügt über Abschreibungslisten. Darin ist die voraussichtliche Nutzungsdauer aller Anlagegüter erfasst (z. B. Computer drei Jahre, Kfz sechs Jahre). Sie müssen sich also an bestimmte Vorgaben halten!

Abschreibungslisten

Abschreibungslisten finden Sie auf der beigelegten CD-ROM.

Man spricht auch von AfA = Absetzung für Abnutzung. Das ist einfach nur ein anderes Wort für Abschreibung. AfA

Die Abschreibung darf vorgenommen werden, wenn die Rechnung vorliegt und das Anlagegut dem Unternehmen zur Verfügung steht bzw. einsatzbereit ist.

Abschreibung im Jahr der Anschaffung

Im Jahr der Anschaffung darf die Abschreibung nur für die Monate geltend gemacht werden, in denen die Rechnung vorlag und der Anlagegegenstand dem Betrieb zur Verfügung stand.

Abschreibungsarten (bewegliches Anlagevermögen)

Lineare Abschreibung

Abschreibung in gleichen Jahresbeträgen

	Anschaffungskosten (AK)
+	Anschaffungsnebenkosten
=	Gesamte Anschaffungskosten

$$\frac{\text{Gesamte Anschaffungskosten}}{\text{Nutzungsdauer}} = \text{jährliche Abschreibung}$$

$$\frac{\text{Maschine 50.000 Euro}}{\text{10 Jahre}} = \text{5.000 Euro jährliche Abschreibung}$$

Abschreibung Geringwertige Wirtschaftsgüter (GWG)

60 bis 150 Euro

Bewegliche Anlagegüter und Software mit einem Anschaffungswert über 60 Euro bis zu 150 Euro ohne Umsatzsteuer werden im Jahr der Anschaffung voll abgeschrieben. Man bucht sie im laufenden Jahr auf das Konto „Geringwertige Wirtschaftsgüter" 0480. Erst am Jahresende wird die Abschreibung auf das Konto „Abschreibung GWG" 4855 gebucht. Bei Anschaffungskosten bis zu 60 Euro buchen Sie das Anlagegut direkt in die Betriebsausgaben auf das Konto „Werkzeuge und Kleingeräte" mit der Nummer 4985.

Abschreibung Sammelposten ab 2008

150 bis 1.000 Euro

Bewegliche Anlagegüter mit einem Anschaffungswert über 150 Euro und bis zu 1.000 Euro ohne Umsatzsteuer, werden in einem Sammelposten zusammengefasst und gemeinsam über 5 Jahre linear abgeschrieben. Bei Veräußerung, Diebstahl oder Defekt ist keine vorzeitige Ausbuchung möglich, es wird trotzdem weiter abgeschrieben. Im laufenden Jahr buchen Sie auf das Konto „Wirtschaftsgüter über 150 bis 1.000 Euro" 0485 und erst am Jahresende wird die Abschreibung auf das Konto „Abschreibung Sammelposten" 4862 gebucht.

Kontonummer	Kontenbezeichnung
4830	Abschreibung Sachanlagen
4831	Abschreibung Gebäude
4832	Abschreibung Kfz
4855	Sofortabschreibung GWG bis 150 €
4862	Abschreibung Wirtschaftsgüter über 150 € bis 1000 €
4985	Werkzeuge und Kleingeräte

Buchungen

Konto Soll	Bezeichnung	an	Konto Haben	Bezeichnung
4830	Abschreibung Sachanlagen		0320	Pkw
4855	Abschreibung GWG		0480	GWG

Verkauf Anlagevermögen

Angenommen, Sie haben einen gebrauchten Pkw verkauft, der noch nicht abgeschrieben ist. In diesem Fall müssen Sie ihn bis zum Ende des Verkaufsmonats abschreiben und den Restwert ermitteln.

Verkaufspreis netto	= 15.000 Euro
AfA bis 30.09. (mtl. AfA 500 Euro × 9 Monate)	= 4.500 Euro
Restwert	= 7.500 Euro
Gewinn	= 3.000 Euro

In diesem Fall buchen Sie im laufenden Jahr den Verkaufserlös auf das Konto „Erlöse aus Anlageverkäufen“ 8820. Erst am Jahresende müssen Sie die Abschreibung sowie den Restwert ermitteln und buchen. Erledigen Sie das allerdings sofort, entspricht Ihre Gewinnermittlung eher dem Jahresergebnis. Sie buchen die Abschreibung auf das Konto „Abschreibung auf Sachanlagen“ 4830 und den Restwert auf das Konto „Anlagenabgänge“ 2310.

Buchungen

Konto Soll	Bezeichnung	an	Konto Haben	Bezeichnung
4830	Abschreibung Sachanlagen		0320	Pkw
2310	Abgang Anlagevermögen		0320	Pkw

Reisekosten

Verpflegungsmehraufwand auf Geschäftsreisen

Pauschale

Egal, wie viel Geld Sie tatsächlich für das Essen auf einer Geschäftsreise ausgegeben haben, gibt es pro Tag nur eine Pauschale für Verpflegungsmehraufwand. Die Höhe der Beträge ist genau festgelegt, wie Sie aus der Tabelle ersehen können.

Pauschalen für Verpflegung	
8 bis unter 14 Stunden	= 6 Euro
14 bis unter 24 Stunden	= 12 Euro
24 Stunden	= 24 Euro

Diese Pauschalen pro Tag sind Betriebsausgaben, die tatsächlichen Rechnungen aus den Restaurants sind keine Betriebsausgaben. Bei Pauschalen ist kein Vorsteuerabzug möglich.

Vorsteuerabzug für Belege

Der Vorsteuerabzug aus den tatsächlichen Belegen ist allerdings möglich.

Reisekosten Ihrer Arbeitnehmer sind in voller Höhe Betriebsausgabe. Sie müssen aber Ihren Steuerberater über alle Erstattungen und Kostenübernahmen informieren. Ggf. muss Ihr Arbeitnehmer dafür Lohnsteuer und Sozialversicherung zahlen.

Reisekosten Arbeitnehmer = BA

Kontonummer	Kontenbezeichnung
4660	Reisekosten Arbeitnehmer
4664	Reisekosten Arbeitnehmer Verpflegung
4670	Reisekosten Unternehmer
4674	Reisekosten Unternehmer Verpflegung

Übernachtungskosten auf Geschäftsreisen

Es sind lediglich die Übernachtungskosten Betriebsausgaben. Kosten für Frühstück oder Minibar müssen herausgerechnet werden. Diese gehören zu Verpflegungskosten und sind ja bereits durch die Pauschalen abgegolten.

Verpflegungskosten herausrechnen

Im Inland und im Ausland werden nur die tatsächlichen Kosten anerkannt, der Ansatz von Auslandspauschalen ist seit 2008 nicht mehr möglich.

Keine Pauschalen

An Arbeitnehmer können Übernachtungspauschalen weiterhin erstattet werden.

Kontonummer	Kontenbezeichnung
4660	Reisekosten Arbeitnehmer
4666	Reisekosten Arbeitnehmer Übernachtung
4670	Reisekosten Unternehmer
4676	Reisekosten Unternehmer Übernachtung

Fahrtkosten auf Geschäftsreisen

Geschäftswagen

Sind Sie mit Ihrem Geschäftswagen unterwegs, müssen Sie nichts Besonderes beachten. Tanken Sie unterwegs, ist diese Ausgabe wie immer Betriebsausgabe.

Kontonummer	Kontenbezeichnung
4510	Kfz - Steuern
4520	Kfz - Versicherungen
4530	Laufende Kfz - Betriebskosten
4540	Kfz - Reparaturen
4550	Garagenmieten
4560	Mautgebühren
4570	Fremd-/Leasingfahrzeugkosten
4580	Sonstige Kfz-Kosten

Privatwagen

Nehmen Sie für eine Geschäftsreise allerdings den Privatwagen, müssen Sie Folgendes beachten: Die Tankquittung ist ein privater Beleg und gehört eigentlich nicht zu Ihren Buchführungsbelegen.

Kilometer-pauschale

Für diese Fahrt können Sie eine Kilometerabrechnung durchführen. Sie setzen eine Pauschale von 0,30 Euro pro gefahrenen km an. Vorsteuerabzug ist nicht möglich.

Oder Sie führen eine Übersicht über die Fahrten mit Ihrem Privatwagen, dann können Sie die anteiligen tatsächlichen Kfz-Kosten als Betriebsausgabe geltend machen sowie die anteilige Vorsteuer (außer

Anschaffungskosten) abziehen. Dazu müssen Sie Ihre privaten Belege gesondert aufbewahren.

Kontonummer	Kontenbezeichnung
4660	Reisekosten Arbeitnehmer
4668	Reisekosten Arbeitnehmer Kilometergelderstattung
4670	Reisekosten Unternehmer

Privatnutzung Kfz, Fahrtenbuch

Möchten Sie die 1-%-Regelung umgehen, da Sie in Ihrem Fall zu teuer ist, müssen Sie ein Fahrtenbuch führen.

Angaben im Fahrtenbuch

Folgende Angaben muss das Fahrtenbuch beinhalten:

- Datum und Kilometerstand zu Beginn und am Ende jeder einzelnen Geschäftsfahrt (für Privatfahrten genügen jeweils Kilometerangaben)
- Reiseziel und Reiseroute
- Reisezweck und aufgesuchte Geschäftspartner

Außerdem muss das Fahrtenbuch zeitnah, fortlaufend und in geschlossener Form geführt werden.

Elektronische Fahrtenbücher

Wichtig! Elektronisch geführte Fahrtenbücher werden nur akzeptiert, wenn das Programm Änderungen nicht zulässt bzw. alle nachträglichen Änderungen zeigt.

Buchungen

Konto Soll	Bezeichnung	an	Konto Haben	Bezeichnung
Buchung für Unternehmer/innen				
1880	Unentgeltliche Wertabgabe		8939	Privatnutzung Kfz ohne USt
1880	Unentgeltliche Wertabgabe		8920	Privatnutzung Kfz USt.19%
4680	Fahrten Whg. Arbeitsstätte		1880	Unentgeltliche Wertabgabe
Buchung für Arbeitnehmer/innen				
4120	Gehälter		8611	Sachbezug Kfz USt. 19%

Umsatzsteuer-Voranmeldung

Hat Ihr Unternehmen umsatzsteuerpflichtige Umsätze, müssen Sie die eingenommene Umsatzsteuer und die gezahlte Vorsteuer mit dem Finanzamt abrechnen. Diese Abrechnung erfolgt auf einem Formular vom Finanzamt „Umsatzsteuer-Voranmeldung". Seit 2005 müssen Sie sie online an das Finanzamt übermitteln.

Grundsätzlich ist man als Unternehmer/-in verpflichtet, binnen zehn Tagen nach Ablauf des Kalendermonats oder des Quartals eine Umsatzsteuer-Voranmeldung einzureichen. Gleichzeitig wird die Zahllast oder Erstattung fällig.

- **Abgabe vierteljährlich**: Wenn der jährliche Umsatzsteuerbetrag unter 6.136 Euro liegt.

- **Keine Abgabe, nur jährlich Umsatzsteuererklärung:** Wenn der jährliche Umsatzsteuerbetrag unter 512 Euro liegt.

Kontonummer	Kontenbezeichnung
1780	Umsatzsteuer-Vorauszahlungen
1789	Umsatzsteuer Vorjahr
1790	Umsatzsteuer frühere Jahre

Antrag auf Dauerfristverlängerung

Unternehmer/-innen beantragen in der Regel beim Finanzamt eine Fristverlängerung für die Abgabe der Umsatzsteuer-Voranmeldung (Formular = Antrag auf Dauerfristverlängerung).
Das bedeutet: Sie dürfen die Umsatzsteuervoranmeldung einen Monat später abgeben, also zehn Tage nach Ablauf des Folgemonats.

- **Bei monatlicher Abgabe:** Sie müssen eine Sondervorauszahlung in Höhe von einem Elftel des Umsatzsteuerbetrags vom Vorjahr leisten. Achtung! Diese müssen Sie dann mit der Dezemberanmeldung wieder verrechnen.
- **Bei vierteljährlicher Abgabe:** Sie müssen die Verlängerung durch Ihre Unterschrift auf dem Formular beantragen.

Kontonummer	Kontenbezeichnung
1781	Umsatzsteuer-Vorauszahlungen 1/11

Literaturempfehlungen

Für alle, die sich etwas vertiefter systematisch einarbeiten möchten:

Thomsen, Iris: Schnelleinstieg Einnahme-Überschussrechnung – Für Freiberufler und Selbstständige, 4. Aufl., Planegg 2008.

Thomsen, Iris: Buchführung Trainer, 2. Aufl., Planegg 2007.

Ratasiewicz, Danuta: Schnelleinstieg in die Finanzbuchführung, Planegg 2008.

Schmidt, Harald und Thomsen, Iris: Buchführungstraining, 8. Aufl., Planegg 2007.

Weißenberger, Barbara E.; Weber, Jürgen: Einführung in das Rechnungswesen. Kostenrechnung und Bilanzierung, 7. Aufl., Stuttgart 2006.

Für alle, die sich auf das Niveau eines Bilanzbuchhalters hieven wollen:

Thomsen, Iris: Schwierige Geschäftsvorfälle richtig buchen, Planegg 2.Auflage 2007.

Für alle, die ein tägliches Arbeitsmittel zu allen Fragen für ihre Buchführung oder Einnahme-Überschussrechnung suchen:

WRS-Handbuch Steuern und Buchführung, Freiburg (Loseblattwerk).

Praxis-Lexikon Buchführung und Bilanzierung, Freiburg (Loseblattwerk).

Für alle, die ihre Buchführung/Einnahme-Überschussrechnung professioneller mit einer Software machen wollen:

Lexware buchhalter (für Gewinnermittler nach § 4 (1) EStG und Einnahmen-Überschussrechner), Freiburg, neuestes Release

Lexware büro easy plus. Buchhaltung in Jederkanns-Version, Freiburg, neuestes Release

Schwarze Zahlen, Systhema (nur für Einnahmen-Überschussrechner), München, neuestes Release

Stichwortverzeichnis

Die Autorin

Iris Thomsen ist Betriebswirtin mit langjähriger Praxiserfahrung in der Computerindustrie und in Steuerberatungskanzleien. Sie ist heute selbstständig und betreut kleine und mittelständische Unternehmen. Mit den täglichen Problemen, aber auch mit schwierigen Sachverhalten in der Buchführung ist sie deshalb bestens vertraut. Ihr Wissen gibt sie sowohl als Referentin als auch als Autorin weiter.